JN204866

"先生"のための 小学校英語の知恵袋

—現場の『?』に困らないために—

酒井　志延　編著

くろしお出版

まえがき

このページを開かれている方へ—

まず、この本を手に取っていただき、本当にありがとうございます。

私たち執筆陣一同は、小学校外国語（英語）教育の
現場から湧き出る疑問に答えることで

指導に関わる先生方を全力で応援したい
心の底からエールを送りたい

その想い一つで、本書を作りました。

その願いは同時に、先生方の目の前に並ぶ
645万人ほどの子どもたちのためでもあります。
そう、出発点は小学校の教室です。

　「小学校に英語！？　聞いてないよ！」
　「教科になるって、どういうこと？」「どうしよう…」
　「教職課程で英語なんかやってないし、わからない！」
　「よくわからないけど、不安だな」「研修受けなきゃ〜」
　「英語、勉強し直さないといけないですね…」

これらは全て、私たちが実際に耳にしてきた先生方のつぶやきです。

小学校に英語が正式に入り始め、早くも15年以上が経ちますが

現場が未だ、大混乱の渦の中にあることは否めません。

「小学校＋英語教育＝不安」

全国至るところで、この公式がまかり通っている風潮があります。

しかし、学びの原点に戻り、よく思い返してみてください。
「英語教育」は「外国語教育」であり、「未知の言葉の学び」です。
本来は「知らないものを知る」、わくわくがいっぱいの学びです。
それは、小学校の場で、先生方が汗水たらして実践されてきた
小学校教育の様々な学びと、本質は同じです。

子どもたちは、それをよくわかっていて
素直に感じたままの疑問を投げかけてきます。

　　「英語がしゃべれたら、何か良いことあるの？」
　　「なぜ国によって、話す言葉が違うの？」

そして、先生方の中には、子どもたちに良い学びを授けようと
頭をめぐらせるたびに、疑問が生まれてきます。

　　「小学校の英語で文法をどう扱うべき？」
　　「日本語を使う？　使わない？」

本書は、先生方が子どもたちからの疑問に答えられるように
先生方ご自身から生まれる疑問を解決していただけるように
私たちの総力をあげて、知恵と知識と知見を駆使し
わかりやすい内容に努め、回答と解説を掲載しています。

さらに、英語の学びをより広く深く理解いただけるように
今回は特に、2020 年からの新しい指導体制で注目される
「読み書き指導」の意義や指導をする上で備えておきたい知識
また、具体的な実践例の紹介のページなどを設けました。

本書が、先生方の中で、「小学校＋英語教育＝不安」の公式が
「小学校＋外国語教育＝希望」へ変化するきっかけになればと
私たちは心から願ってやみません。

2018 年 6 月　東京都杉並区小学校英語講師　土屋 佳雅里

目　次

まえがき　　iii

第1部

小学生からの疑問に答えましょう！
先生たちの疑問や不安に答えましょう！ ·················001

〈子ども編－教養〉

Q1　外国語は他にもたくさんあるのに、どうして学校で勉強する
　　　外国語は英語なの？ ··· 002

Q2　世界でどれくらいの人が英語を使っているの？ ·················005

Q3　いつから英語が話されるようになったのですか？　一番最初
　　　に英語を話した国はどこですか？ ···························· 009

Q4　Tシャツに日本語ではなく、アルファベットが書いてあると
　　　かっこ良く見えるのはなぜ？ ······························· 012

Q5　日本語と英語では、どうして名前の順序が逆なの？ ·················016

Q6　なぜ国によって話す言葉が違うの？ ···························· 019

Q7　日本語と英語でジェスチャーが違うのはどうして？（Come
　　　here. などの手の動き） ······································ 022

〈子ども編－学習〉

Q8　どうして小学校で英語を勉強しないといけないのですか？ ·········027

Q9　英語を勉強してもどうせしゃべれないから、勉強しても意味
　　　がないと思います！ ··· 031

Q10　英語がしゃべれたら何か良いことがあるのですか？ ·················035

Q11　文の最初が大文字なのはなぜ？ ······························· 038

Q12　単語の前にどうして a とか an とかがつくの？ ·······················041

Q13　英語の複数形って？ ··· 045

Q14 小さい頃から英語を話していないと、大きくなってからでは正しい発音ができないって本当ですか？ ………………………… 049

〈教師編－指導〉

Q15 小学校教師の英語力はどの程度必要ですか？ ……………………… 053

Q16 小学校外国語教育では、小学生に何を教えるべきですか？また、そのために教師はどのようなスキルが必要ですか？ ……… 056

Q17 小学校の英語では文法をどう扱うべきですか？ ………………… 059

Q18 発音や文法などを、どこまで教えて、どこまで深く押さえるべきなのか、その程度がわかりません！ ………………………… 062

Q19 小学校の段階で指導の際、文法にはこだわった方が良いですか？　中学校に進学する時に必要ですか？ ………………………… 066

Q20 三人称単数現在はどう扱えば良いですか？ ……………………… 069

Q21 3・4年生でも複数形を意識して指導すべきですか？ …………… 073

Q22 小学生に対する英語の品詞の取り扱いはどうしたら良いのでしょうか？ ……………………………………………………………… 077

Q23 英語でプレゼンをする際、どこまで厳密に英訳させるべきか？（未来や過去を表す表現） ……………………………………… 080

Q24 どのような指導をすれば、チャンツをうまく取り入れられますか？ ………………………………………………………………… 086

Q25 授業の中で日本語を使う？　使わない？ ………………………… 090

Q26 発音をカタカナで書くのは、指導上「好ましい」か「好ましくない」か？ ……………………………………………………… 093

Q27 子どもたちが45分の授業に集中し、楽しみながら学ぶためには、どのようなことに注意して授業を構成するべきでしょうか？ ……………………………………………………………… 096

〈教師編－不安〉

Q28 自身の英会話能力が低いため ALT と会話がうまくできず、言っていることもあまり理解できません。どうしたら良いでしょうか？ …………………………………………………………… 100

Q29 教室英語を使う時、とっさに英語が出ず単語だけだったり、この言い方であっているのか不安になったりしながら指示を

出しています。「わかった人、raise your hand」のように日本語が混じってしまいます。いいのでしょうか？…………104

Q30 教師が知らないわからない英語を、「英語で何と言うの？」と聞かれたらどうしたら良いでしょうか？…………107

Q31 子どもが間違って "play skate" などと言いますが、どう指導すれば良いでしょうか？…………110

Q32 a と the の違いや、つけ方を子どもたちに聞かれて、わからなかったのですが！…………113

Q33 下手な発音で指導するとかえってマイナスの効果がでてしまうのではと心配です！…………116

Q34 ALT の発言の度に子どもたちが『何と言ったの』と聞いてきます。どこまで訳せば英語をわかってもらえるのでしょうか？……120

〈教師編―その他〉

Q35 英語活動が導入された頃は、英語表現も含め子どものニーズや興味に合わせて幅広く取り組むことができたのですが、教科化されると幅がどの程度限定されてしまうのでしょうか？……123

Q36 なぜ専科で指導しないのでしょうか？ 外国語教育の適切な発展のために、専科は必要不可欠では？…………127

Q37 外国語活動は楽しいものですが、どのように伝えれば他の先生方にその楽しさを理解して、積極的に実践してもらえるでしょうか？…………131

Q38 日本語も不十分な子どもたちに、英語を教える必要があるのですか？…………135

第2部

豊かな授業実践のために…………139

第1章　子ども目線の英語指導をするために…………141

1人ひとりが活きる文字指導を　142

ハード面での意識改革　152

ソフト面での意識改革　155

第2章　読み書き指導のめやす ……………………………………161

1. 学習指導要領で
「求められていること」と「求められていないこと」　162
2. 学習指導要領が求める読み書きの素地の養成について　163
3. 読む指導のための3つのめやす　166
4. 書く指導のための3つのめやす　173

第3章　子どもを活かす授業の工夫 …………………………………177

1. 他教科連携型ローマ字指導　178
2. 絵本 HANDA'S SURPRISE の読み聞かせ：
異文化理解による外国語学習への動機づけの実践　184
3. 「My Name プロジェクト」による
文字を学習することへの動機づけ　189
4. 鉛筆の適切な持ち方指導のヒント集　205

第4章　ローマ字学習と英語の読み書き指導の橋渡し ………209

1. 橋渡しのための3つのコツ　210
第1のコツ：ローマ字の習得は英語学習の助けになることを知る　210
第2のコツ：ローマ字読みを少しずつ減らす指導を知る　211
第3のコツ：オンセットライムの指導を知る　212
2. フォニックスの指導　216

用語解説　221
あとがき　231

小学生からの疑問に答えましょう！
先生たちの疑問や不安に答えましょう！

　「ローマ字とアルファベットは、同じですか、違います
か？」「複数形って何ですか」など、英語という言語につい
ての様々な疑問が投げかけられます。もし教師に外国語教
育の知識や経験があれば、子どもの誤解を正したり、外国
語学習への興味・関心をうまく高めたりできるような、わ
かりやすい回答を示すことができるでしょう。また、教師
がそうした背景知識を持っていれば、子ども自身に考えさ
せ、適切な解にたどりつけるような授業を実践することが
できるでしょう。しかし、現実には、大半の小学校教師た
ちは外国語教育を専門としているわけではありません。教
師自身も不安や疑問を持ちながら日々の実践を行っていま
す。第 1 部ではそれらの不安を軽減し、自信をもって英語
教育ができるようにしたいと思います。

Question 1

外国語は他にもたくさんあるのに、どうして学校で勉強する外国語は英語なの？

Answer

　もし英語ができたら、わかり合えることが多くなります。なぜなら、英語は世界中で一番多く使われている言葉だからです。たとえ国や言葉が違っても、お互いに英語が使えれば気持ちを通じ合うことができます。それは、素敵なことです。世界平和にもつながります。だから、皆さんには外国語として、まずは英語を学ぶことになっています。

　世界にはたくさんの国があって、様々な人々がいて、色々な言葉があります。英語、中国語、フランス語、アラビア語、そして私たちの日本語もその１つです。皆さんが、もし、世界の人たちと話をするとしたらどんなことが起きるでしょうか？　お互いに言葉が違うと、気持ちを伝え合うのは難しそうですね。そこで、英語を共通の言葉とし

て使うことができれば、お互いに気持ちを通じ合えることができるかもしれません。

　また、言葉はどれも同じ価値があります。学ぶ言葉に優劣などありません。外国語にはもちろん、英語以外にもたくさんの言葉があります。英語以外の外国語を学ぶこともとても大切なことです。英語以外にも、皆さんが「面白そう！」と思う言葉を発見したら、ぜひ英語以外の外国語も学ぶチャンスも見つけてくださいね。

解　説

外国語教育とはいえ、実質は外国語（＝英語）教育

　外国語活動、外国語科と「外国語」の教育といっても、実際は、外国語としては英語が使用される場面がほとんどです。当たり前のように、"Hello!" から始まり "Good-bye!" で終わります。授業中はほとんど英語しか使わず、また、教科名を扱う単元では、「外国語活動」は "English" と英訳されています。このような「外国語といえば英語」の実情は、「英語を取り扱うことを原則とすること」（以下、「英語原則」）というルールからきています。あくまで原則ですから、フランス語・中国語・スワヒリ語など他の外国語も扱うことができますが、割合からするとごくわずかです。

英語原則がもたらすもの

　外国語の学習が「英語原則」とされる理由は、1）英語が世界で広くコミュニケーションの手段として用いられているから、2）中学校外国語科は英語を学習することが原則だから、の2つが挙げられています。現在、英語は国際共通語として揺るぎない地位にありますから、英語を共通言語とすることによって、使う言葉が異なる人々の間でコミュニケーションのすれ違いを解消できる場面が多く考えられます。また、中学校の英語の授業でも、小学校で英語を学習しておくことが役立つ場面がたくさんあります。このように、小学校の外国語学習が英語原則であることは将来、私たちに何かしら有益なことをもたらすことは間違いないでしょう。

豊かな外国語の世界にたくさん触れよう

　しかし、英語原則が有益さをもたらす一方で、始めから当然のように英語中心の授業となる外国語教育は、私たちの頭の中に「外国語といえば英語だ」という図を知らない間に描いてしまい、外国語に対する意識や世界観を狭めてしまう恐れがあります。小学生の頃は、1つのものに限らず広く様々なものに分け隔てなく触れることが大切で、中学や高校に比べると外国語学習の時間に余裕がある時期なのに、そんなもったいない話はありません。外国語教育は本来、「外国語の豊かな学びの時間」であるはずです。機会を見つけ、ぜひ豊かな外国語の世界にたくさん触れて、様々なことを発見してみましょう。

Question 2

世界でどれくらいの人が
英語を使っているの？

Answer

　厳密な調査は不可能ですが、世界の言語学者たちが彼らの調査研究に基づいて、世界の英語人口を推計しています。英語を何らかの形で使っている人はおおよそ15〜20億人で、世界の人口（70億人強）の25％程度に当たります。その中で、英語を母語とする人は3.2〜3.8億人、母語ではないけれど公用語や共通語として使っている人は3〜5億人、さらに、外国語として実際に使っている人は5〜10億人と言われています。ということは、現在世界中の全人口の4分の1近くが、何らかの形で英語に関係していると考えられています。

解 説

世界で一番話されている言語は？

　前述のように外国語として英語を使っている人を数に入れれば、英語が第1位になります。しかし、世界で母語として一番話されている言語は中国語で約12億人、第2位はスペイン語で約4億人、英語は第3位で約3.5億人です。ちなみに、日本語は14位で、世界では大きな言語の1つです。

母語、母国語、第二言語、外国語

　母語と母国語とは異なります。日本で生まれ、育ち、教育を受けた人なら、日本語は母語であり、母国語です。しかし、日本人であっても、外国で生まれ、あるいは、日本で生まれたが日本語を身につける前の幼児期に外国に行き、家庭でも日常生活でも日本語をあまり使わず、現地の教育を受けて育った多くの人にとっては、日本語は母国語ですが、母語は育った外国の言葉になります。つまり、母語は考えたり行動したりするときのベースになる言語と言えます。一方、第二言語（L2）というのは、初めに習得した言語（多くの場合母語）を第一言語（L1）とした場合、2番目に多少なりとも使えるようになった言語のことを言います。続いてL3、L4となります。英語が公用語や共通語の国々では、英語がL2です。また、外国語とは、学校で勉強はするが、学校以外の社会生活では使われていない言語のことです。日本での英語の場合は、外国語でL2とは言いません。しかし、海外留学や研修などで生活しながらその国の言語を学びながら使う場合、その国の言語はL2と言われます。

世界の諸英語（World Englishes）

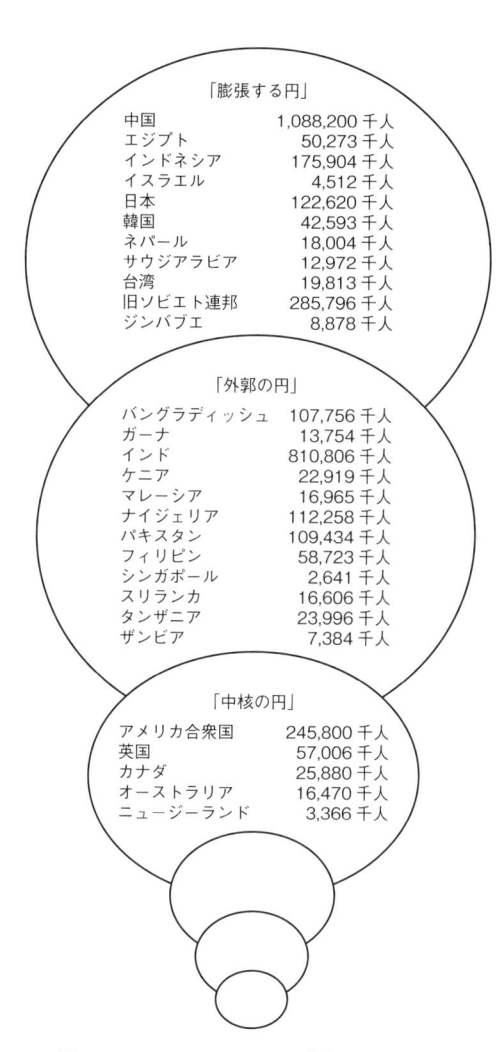

「膨張する円」

中国	1,088,200 千人
エジプト	50,273 千人
インドネシア	175,904 千人
イスラエル	4,512 千人
日本	122,620 千人
韓国	42,593 千人
ネパール	18,004 千人
サウジアラビア	12,972 千人
台湾	19,813 千人
旧ソビエト連邦	285,796 千人
ジンバブエ	8,878 千人

「外郭の円」

バングラディッシュ	107,756 千人
ガーナ	13,754 千人
インド	810,806 千人
ケニア	22,919 千人
マレーシア	16,965 千人
ナイジェリア	112,258 千人
パキスタン	109,434 千人
フィリピン	58,723 千人
シンガポール	2,641 千人
スリランカ	16,606 千人
タンザニア	23,996 千人
ザンビア	7,384 千人

「中核の円」

アメリカ合衆国	245,800 千人
英国	57,006 千人
カナダ	25,880 千人
オーストラリア	16,470 千人
ニュージーランド	3,366 千人

図1　トム・マッカーサー『英語系諸言語』
（牧野武彦監訳、三省堂、2009 より引用）

図1を見てください。これは、Kachru（1992）という言語学者の考え
を基に作図したものです。下の3つの小さな円は初期の英語の発達を表し
ています。その上の「中核の円」は英語を母語として話す国、「外郭の円」
は第二言語として英語を話す国、そして「膨張する円」は外国語として英
語を学習する国を指しています。この図で英語が世界に広がっていった様
子がよくわかりますね。さらに、それぞれの円の中で使われている英語に
は、様々な特徴があり、英語は1つの言語とは言えなくなりました。そこ
で、English と単数形でなく、Englishes と複数形で表してあるわけです。
別の言い方をすれば、英語は「中核の円」に住む母語話者だけの言語では
なくなり、世界の多くの人々の共通語となったということです。これを
「国際共通語としての英語」とも言います。皆さんが使えるようになるた
めの英語もこれです。

　ネイティブスピーカー（英語母語話者）のように英語を話せなくても良
いのです。それよりも、お互いに気持ちや意見を交わし、理解し合える英
語を身につけていくことが大切です。

Question 3

いつから英語が 話されるようになったのですか？ 一番最初に英語を話した国は どこですか？

Answer

　一番最初に英語を話した国は、そうです。英語の「英」の字がつく国、英国（イギリス）で、正式には United Kingdom と言います。歴史的には、5世紀後半のブリテン島はアングル人の土地（*Engla-land* ⇒ England）と呼ばれ、彼らの言葉が *Englisc*（English）だったのです。

　いつから英語が話されるようになったのか？　ですが、現在の英語のもととなる「近代英語」Modern English は、およそ1500年頃から話されています。

解説

英語の誕生

英語の歴史は、「古英語」Old English（5C 半ば～11C 半ば）、「中英語」Middle English（11C～15C 頃）、「近代英語」Modern English（16C 頃～現代）の 3 つに分けられます。

英国のブリテン島では、もともと先住民ケルト人が住んでいて、ケルト語を話していました。5 世紀半ばに、現在のドイツの北部やデンマークの南からアングル人とサクソン人がやってきて、先住民を西北のスコットランドやウェールズに追い出しました。この新しく来た人たちの言葉、「アングロ・サクソン人の言葉＝Anglo-Saxon 語」が、「古英語」のルーツと言われています。

「中英語」の起点となる 1066 年に、英国にとって大きな事件が起こります。フランスのノルマンディー公ウィリアム 1 世が英国を征服したのです。その結果、庶民は英語をそのまま使いましたが、支配階級である王族や貴族はフランス語を使うので、英語の中に大量のフランス語が入ってきました。例えば、牛は cow、ヒツジは sheep、豚は pig ですが、牛肉は beef、羊の肉は mutton、豚肉は pork と、まったく違う言葉ですね。これは家畜を育てるのは庶民の仕事で、当然、家畜の呼び名は英語で表します。肉を食べるのは王族や貴族に限られていましたので、肉料理の言葉はフランス語が使われました。家畜と肉の呼び名が違う言葉になったのはそのためです。

近代英語

　1400 年代になると、フランス語は公式の場で
も使われなくなります。印刷技術が進歩し、ロン
ドンの方言で多くの書物が出版されるようにな
り、その結果、ロンドンの方言が英語の標準語と
なりました。この頃、シェイクスピア（1564 -
1616）が登場し、多くの劇や詩を書きました。
英語が近代英語に生まれ変わる時期に、シェイク
スピアは傑作を次々に生み出し、hurry、lonely、
love letter など、多くの造語も作りました。「あ

シェイクスピア

なた」を表す thou という語が you になったのもこの頃で、『ロメオと
ジュリエット』では、この thou と you の使い分けがよくわかります。

英語の現在

　1760 年代から英国で産業革命が起こり、首都ロンドンは世界の中心都
市となります。そして、インド、アフリカ諸国、オセアニアと、英国は広
大な植民地を持つことで、英語を話す人口が驚異的に増えたのです。アメ
リカ大陸では、英国出身者が出身地の方言を持ち込んだり、先住民やほか
の移民の言葉を取り入れたり、それまで見たことのない大陸の地形に名前
をつけたりして、アメリカ英語が誕生しました。独立戦争のリーダーたち
は、言語的にも英国から独立することに強い関心を持ち、アメリカ英語が
英国英語と異なることに誇りを持っていました。第二次世界大戦後は、ア
メリカ英語が世界に広がりました。

　現在、英語を外国語として学ぶ国も非常に増えました。英語はもう英国
1 か国だけの言葉ではなく、国際共通語となっています。

Question 4

Ｔシャツに日本語ではなく、アルファベットが書いてあるとかっこ良く見えるのはなぜ？

Answer

　かっこ良いと感じるか感じないかは人にもよるし、文字のデザインや使われている言葉の意味にもよるのではないでしょうか。アルファベットは西洋の文化を象徴し、それに憧れや興味を持っているとかっこ良いと感じるのかもしれません。一方で、Ｔシャツに書いてあるアルファベットの文字が読め、西洋文化に親しんでいる人なら感じ方は変わるかもしれません。いずれにしても、アルファベットに限らず、Ｔシャツに書かれた文字は基本的にデザインとして描かれるものです。外国語で書かれたＴシャツを着るのは日本人だけではありません。外国の人で日本語のＴシャツを着ている人もたくさんいます。外国の人にとっては興味深い日本文化の１つでもあるのです。

解　説

文字を「デザイン」として捉えるか、「言葉」として捉えるか

　Tシャツに書かれたアルファベットの言葉がわからない場合は、文字を単なるデザインとして見るでしょう。しかし、言葉がわかれば、デザインを含め意味によってかっこ良さを判断するでしょう。例えば、お店で"Very Hungry Now"と書かれたTシャツを見つけました。この意味がわからない場合にはデザインが気に入ればすぐに買うかもしれません。しかし、「今とてもおなかがすいてます」という意味であることを知っていたらどうでしょう。買いますか、それとも、同じデザインの他の言葉が書かれているTシャツを買いますか。

同じことは、外国でも起きている

　同じことは、外国の人から見た日本語でも起こります。外国の人が「髭文字」とか「滝」という漢字が大きくプリントされたTシャツを着ていると、「意味がわかっていて着ているのかな？」と感じることはありませんか。しかし、外国の人たちの間では漢字はとても人気が高く、アート感覚でファッションに取り入れる人が多いようです。漢字の独特な形が、文字というより、かっこいい絵や記号に見えるのです。このように、自分た

ちが普段使っている文字とは違う形の文字をデザインとして捉え、惹かれるのだと思います。

宣伝広告や有名人の影響

　日本語が書かれた T シャツを着た海外の有名人の姿を目にすることがよくあります。このように、有名人や人気のある人が日本語の書かれた洋服を着たり、物を使ったりすると、日本語のデザインに特別感やプラスのイメージが加わります。日本でも、人気がある洋服や物のブランド名は、アルファベットで書かれているものが多いと思いませんか。日本の宣伝戦略の影響もあると思いますが、アルファベットで書かれたものは、そのような宣伝広告のイメージを思い起こさせるきっかけにつながって、「かっこ良い」と感じるのではないでしょうか。

外国語がわかる、という優越感

　デザインに使われる外国語には英語だけではなく、フランス語、タイ語、ロシア語、中国語、アラビア語など様々な言葉があります。外国語が使われた服を着ていると、「この人は外国語がわかる」「外国に行ったことがある」と他の人に思われるかもしれません。ちょっと「他の人とは違う」と思ってもらえるかもしれない、という気持ちが働いたり、「見る人

が見ればわかる」という暗号的な「特別感」を持ったりすることもあります。

　こうした「未知のものへの憧れ」を持つこと自体は決して悪いことではないと思います。普段自分が身につけているものにアルファベットが使われている場合、「なんて書いてあるんだろう？」「どういう意味なのかな？」と、そこから新しいものを学ぼうとするきっかけにつながる可能性があります。また、アルファベットで書かれていても、アルファベットは様々な外国語で使われているので、それが英語であるとは限りません。このように、私たちの身の回りには、英語だけに限らず、様々な外国語につながるきっかけがたくさん秘められているのです。「なぜかっこ良いと思うのかな」と、みなさんで一緒に考えることが、実は異文化を理解する出発点に立つことにもなるのです。

Question 5

日本語と英語では、どうして名前の順序が逆なの？

Answer

　特に定説はないようです。日本語は中国の習慣に従ったという説が有力ですが、定かではありません。また、次のような説もあります。昔は日本語でも英語でも苗字がなく名前で呼んでいました。特に日本では、武士の場合、名前だけだと判別しにくいので、所有する土地名をつけて、例えば、山田という土地を所有していたら「山田の太郎」などと名乗るようになりました。これが代々継承され、山田がその家の苗字になり、「の」がとれて山田太郎となりました。

　英語でも昔は名前だけでしたが、父親の名前や領主の名前をつけるようになり、父親の名前がJohnsonなら「Johnsonの（娘の）Mary」で、英語の順序では "Mary of Johnson" です。このofがとれて、

Mary Johnson となった、という説です。

　いずれにしても、これらの説は確かなことではありませんが、日本語と英語とでは言い方が異なり、そこから発想や考え方にも違いが生まれてくるだろうという予測ができますね。特に、名前は個人のアイデンティティの根底になるものです。従って、自分の名前も、人の名前も大切に扱いましょう。

解　説

日本人は苗字で呼び合う

　日本では、江戸時代より前に苗字を持っていたのは公家や武士階級など、一部の特権階級のみでした。武士以外の人には名前しかなく、すべての人が苗字を持つようになったのは明治8年のことで、法令により義務づけられたからです。江戸時代の町人たちがそれほど親しくない間柄でも、お互いを名前で呼び合っていたと思うとおもしろいですね。

　明治時代以降、家柄を重んじる武士の言い方に倣って、すべての人が苗字—名前の順で名乗るようになりました。今では、友だち同士だと名前だけで呼び合うことはありますが、学校では苗字で呼ばれることが多いでしょうし、大人になれば苗字で呼び合うことが普通です。会社などでは、苗字でなく役職（課長とか部長など）で呼ぶこともあります。

英語圏の人々は名前で呼び合う

　一方、特に英語圏では、学校でも家族の間でも名前で呼び合うことが多いようです。兄弟姉妹の場合、日本では「お兄ちゃん」や「お姉ちゃん」のように呼びますが、英語では年下・年上に関係なく名前で呼び合います。これは、兄や姉を1語で表す単語がないことにもよりますが、人間関係の上下には年齢は何も関係ないという意味なのかもしれません。

世界の名前いろいろ

　日本では苗字—名前の順、英語ではその逆。では、世界の他の国ではどうなのでしょう。いくつかの国の例を挙げてみましょう。中国や韓国は苗字—名前の順で日本と同じです。しかし女性は結婚しても苗字が変わりません。ということは、同じ家族なのに苗字が違う、ということが普通です。インドネシアは苗字のある人とない人がいます。また、家族みんなが同じ苗字だとは限りません。スペインは名前＋父方の苗字＋母方の苗字と、苗字が2つあります。ほんの数か国の例なのに、名前の順番も内容も本当に様々ですね。

　名前はその人を表すとても大切なものです。自分が大切にしていることを伝え、また相手が大切にしていることも知って、お互いがその両方を大切にして、尊重し合うことが必要です。苗字と名前の順番に、どちらが正しいという考えはありません。自分が呼んで欲しい名前を「○○と呼んでください」と伝えることで、相手がどこの国の人でも、どう呼び合えば良いかわかりやすくなります。自分も相手も大切にできるステキなやり方だと思いますので、よかったらやってみてください！

Question 6

なぜ国によって
話す言葉が違うの？

Answer

　国によって話す言葉が違いますが、実は、1つの国の中でも話す言葉が違う人々が住んでいる国はたくさんあります。例えば、インドで使われている言語の数は正確にはわかりませんが、100〜200あると言われています。いったいなぜでしょう。人類が話し言葉を獲得したのは5万年くらい前だと言われています。その頃、アフリカを起源に誕生した人類（およそ400万年前）の中には、現在のヨーロッパやアジアに移動している人々もいました。それぞれの地域では、初めは使う言葉は限られていたでしょう。気候変動や人口増加などで、人類はその後も世界各地に移動します。移動は家族を中心とした親類縁者の集団（部族、あるいは、部族が集まった民族）単位で行われたと考え

られています。移住した先の自然、地形、気候、風土などはそれぞれ異なり、人々はその条件にあった生活をすることになります。話し言葉も、移住先によってそれを獲得した時点とは違ったものになります。こうして、国という共同体が出来上がる前に、部族や民族の単位で別々に言葉が発達したと考えられます。従って、現在でも国だけでなく、1つの国の中の部族や民族間でも話す言葉が違うというケースが生まれることになりました。世界には 6,000～7,000 の言語が使われていると言われています。国の数(196 か国)よりはるかに多いですね。

解 説

ご先祖が同じ言語

　ご先祖となる 1 つの言語から枝分かれしてできたと考えられるグループは、互いに親戚関係があると言われ、language family（語族）と呼ばれます。それぞれの語族は家系図のように表されます。世界中のほとんどの言語は語族に分類されると言われますが、ほぼ確実に証明されている語族は 3～4 程度で、まだ家系図のように表せない語族や、どの語族に所属するのかわからない言語がたくさんあります。語族内の言語は話されている場所も近いことが多く、例えば、ヨーロッパの言語はほぼ 1 つの語族（インド・ヨーロッパ語族）に含まれます。英語とロシア語はまるで違う

言語のようですが、実は同じ語族に属しています。また、フランス語、イタリア語、スペイン語、ポルトガル語なども起源は同じ古代ローマ帝国の言語であったラテン語で、これも英語などと同じ語族です。また、英語はドイツ語の弟のようなものです。一方、日本語は韓国語などと同じ語族に属していると考えられますが、どの語族に属するかは決定的な証明が欠けていると言われています。このようなことに興味があれば、将来比較言語学という学問を勉強すると、もっと良くわかるようになるでしょう。

消えていく言語と復活する言語

　現在でも、世界では 6,000〜7,000 の言語が使われていると聞いてびっくりしたかもしれません。しかし、時代をさかのぼればのぼるほど、言語の数はもっと増えていきます。つまり、消えていった言語がたくさんあるということです。なぜ消えていくのでしょう。例えば、昔から、強い国はいろいろな地域に出かけてその土地を征服しました。征服者は、もともとその土地に住んでいた人たちに、昔から使っていた言語の使用を禁止し、自分たちの言語を使うよう命令しました。その状態が続くと、その土地で使われていた言語が消滅することになります。

　歴史的な話ではなく、現在でも少数言語が消える恐れがあります。社会的、政治的、経済的に優勢な言語が登場すると、少数の言語共同体は優勢な言語が使われている社会に同化していき、その言語・文化が劣化し、消滅の危機に陥ると考えられています。言語が消えると文化も消えます。言語の消滅は、人類が持っている創造性や発想の豊かさを失う深刻な問題だと言われています。こうした問題意識をもって復活した言語も世界各地にあります。絶滅危惧種の生物を守ることと同様、言語の多様性を守ることは今後の私たちの大きな課題です。

Question 7

日本語と英語でジェスチャーが違うのはどうして？（Come here. などの手の動き）

Answer

　ジェスチャーは「言葉によらないコミュニケーション」の方法の1つです。ジェスチャーの他には、顔の表情や話している相手との距離などが含まれます。これらは、言葉と同様、国や文化によって、伝える意味が同じでも、動作や表現方法が異なることが多いのです。ご質問の "Come here." を日本の「おいで、おいで」の動作を使うと、英語話者には「あっちへ行って」と勘違いされる恐れがあります。つまり、それぞれの社会でジェスチャーに意味があり、場合によっては誤解されることもあるということです。しかし、ジェスチャーは国や文化によってみんな違う、というわけではありません。平昌オリンピックで、素晴らしい小平奈緒選手の滑りに対して、観客が歓声をあげて

いましたが、小平選手は次に滑る選手のために、静かにしてあげよう
と観客席に向かって唇に人差し指を当てました。観客は日本人ばかり
ではありませんが、皆彼女のジェスチャーの意味を理解し、すぐに静
かになりました。このように、世界の多くの人が意味を共有するジェ
スチャーもあります。従って、どのようなジェスチャーが日本語と同
じ意味で、どのようなジェスチャーが日本語と違う意味なのかを調べ
ておくと、英語でのコミュニケーションが上手になります。

解　説

　ジェスチャー（しぐさ）は、顔の表情などとともにボディランゲージと
言われています。英語と日本語では同じものも多くありますし、違うもの
もあります。例を挙げてみましょう。

・日本語と英語でほぼ同じジェスチャー：
「首を縦に振り同意を表すジェスチャー」、「首を横に振り不同意を表す
ジェスチャー」、「喜びを表すVサイン」、「人差し指を唇に当てて静粛
を促すジェスチャー」など。

・英語の影響で日本でもわかるようになったジェスチャー：
「同意を表す握手」、「OKという意味や合図、異性間での愛情を表すウ
インク」、「肩をすくめ、両手を上にして広げて示すお手上げ」、「親指を

たてて、よくやったと称賛するサムアップ
(thumb up)」、「親指を下に向け、だめじゃ
ないかと非難や叱責を表すサムダウン
(thumb down)」などがあります。サムアッ
プですが、古代ローマ時代からのジェス
チャーです。剣闘士の戦いで、よく戦った剣
闘士に対して称賛の意味で皇帝がサムアップ
をします。卑劣で姑息な戦いをした剣闘士に
は皇帝がサムダウンをしたのです。

(1)

・日本語と英語で異なるジェスチャー：
「こちらに来い」は日本では手を前に出して手首を内側に数回おる動作
をします。一方、英語で「向こうに行け」という動作は、同じように手
首を使いますが、手首を外側に向けて数回振ります。見た目はほぼ同じ
ですが、全く逆の意味になってしまうことを理解しておく方が良いで
しょう。

・数の数え方：
国によって数え方は異なります。英語式は、
げんこつの状態から親指をたて、次に人指し
指、中指、薬指、そして小指と開いていきま
す。日本式は、「指を折る」という言葉があ
るように、まず開いた状態から、親指、人差
し指、中指、薬指、小指と順に折って数えま
す。もちろん英語式で数える日本人もいま
す。指を使う数え方は、ドイツ式、フランス

(2)

式、中国式などいろいろありますので、興味があれば調べてみると良い
でしょう。言葉によっていろいろな約束事がありますが、指を使って数
えるのを理解するのは難しくないでしょう。

フランス式の指を使った数え方

・日本人がわからないジェスチャー：

（3）のように人差し指に中指をクロスさせる動作があります。クロスさせるとは、キリスト教の十字を作ることから来ており、「希望がかない・ますように」とか「幸運を祈ります」などの意味があります。（4）の動作は、人の話を引用するときや、ある言葉を強調したいときに使います。

（3）

（4）

・英語話者がしないジェスチャー：

日本人が、顔の前で両手を合わせてよくやる「お願い」(5) の動作でしょう。これは、神様にお願いしたり、仏様を拝んだりする日本人独特の動作ですが、この動作をしながら、"Please." などをつけると、相手がこの動作の意味がわからなくても通じることがあります。(6) は「私？」と自分を指す動作。(7) は女性が笑うときのしぐさです。

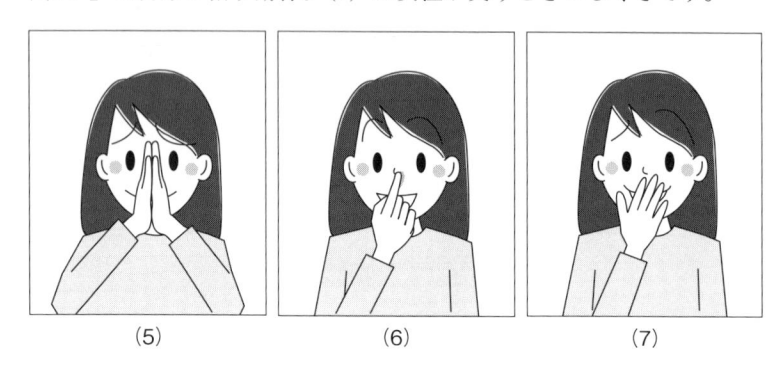

| (5) | (6) | (7) |

　アメリカの心理学者のメラビアン（mehrabian, 1971）は、言葉によらない（非言語）コミュニケーション能力の重要性を述べていますが、この意味は、ボディランゲージを効果的に使うことによって、言語能力を補うことができるということです。

　ジェスチャーには言語や文化ごとに約束事がありますので、他の言語話者にはその意味が簡単にはわからない場合があります。しかし、ジェスチャーの違いを恐れるよりも、その場の状況やジェスチャーをしている人の顔つきや言葉の調子から、その意味を判断できる場合が多いので神経質になることはありません。ただ、気をつけなければならないのは、「サムダウン」のようなジェスチャーはしないように指導することです。

Question 8

どうして小学校で英語を勉強しないと
いけないのですか？

Answer

　「勉強しないといけない」ということはありません。しかし、英語を学ぶことで、「世界には、日本語以外にたくさんの言語があり、それぞれの言語特有のものの見方や考え方がある。」ということを知ることができます。また、英語という外国語を学ぶことで、母語である日本語の特徴をより深く理解できるようにもなります。英語を勉強することはあなたが大人になっていく過程で、とても役立つことと思います。だから小学校のうちから学んでみることをお勧めします。

解　説

外国語を学ぶと視野が広がり、そして、自分自身も見えてくる

①日本語だけ知っている　②日本語以外の外国語を知っている

①と②を比べた時、②の方が同じ世界を見ても感じ方が変わるはずです。例えば、リンゴを見て「これはリンゴ。英語だと apple、フランス語だと pomme。」というように、1つの物事から複数の情報が引き出せるようになります。また、英語では牛の肉を beef、豚の肉を pork、鶏の肉を chicken というように、それぞれに特別な名前がついていますが、それと比べると日本語では、牛肉、豚肉、鶏肉というように「動物名＋肉」という簡単なルールで名前がついていることに気づきます。これは、英語を使う人々の生活において、動物の肉は日本人の生活より重要な意味や価値があったということを示しています。外国語を学ぶことで、外国語を使う人々の考え方に気づくようになるのはもちろんですが、それまで当然のように使っていた母語である日本語についても、様々なことに気づくことができるようになります。

小学校の学習は、本格的な学びの「準備体操」

ところで、小学校で勉強する教科（算数や理科や体育など）は、ノーベル賞を取るためとか、オリンピックに出場するために学習しているわけではありません。世の中の様々な物事を、深く理解できるようにする「ものの見方・考え方」を身につけるための学習です。さらに言えば、「学習をすること（テストで高得点をとること）」自体が目的なのではありませ

ん。学習を通して広い視野で見られるようになった世界の中から、将来的にみなさんが突き詰めたいと思えるものを、それぞれが選び取っていけるようにするための、言わば「準備体操」のようなものです。

このことを、英語学習で考えてみましょう。英語を学習するからといって、今すぐに英語がペラペラになることを目標にする必要はありません。世界には日本語以外にもたくさんの言語があるのだということを知ったり、日本語との違いや似ている点に気づくようになれたりしたら、十分素晴らしい学習成果と言えます。小学校でそういう「ものの見方・考え方」ができるようになってから、中学校以降でルールや歴史を含めて英語を細かく学んでいくと、さらに世界を深く理解できるようになります。興味がある人は英語だけでなく、中国語やフランス語など他の外国語を学んでみると、より一層理解が深まるでしょう。

外国語学習は、グローバル化時代の基礎体力づくり

「外国語を学びたい」と思うタイミングは人それぞれでしょう。家族で外国に移住する人は、早くから学ぶ必要があるでしょうし、外国の映画や音楽、小説が好きな人もまた、いち早く学ぼうとするでしょう。しかし、そうした興味を持つ機会に恵まれなければ、ずっと学ばないままになってしまいます。小学生でも外国旅行に行くのが特別ではなくなってきたり、海外からたくさんの方々が日本にやって来たりするようになりました。世界中の人々が盛んに交流するようになることを「グローバル化」などと呼びますが、全ての日本人が、日本語だけではなく外国語も学び、グローバル化の時代に対応していくための基礎体力をつけることを目指して、学校で外国語を学習するようになったのです。そして、小学校でも外国語を学ぶのは、この基礎体力づくりを、今までより早い時期から少しずつ始めていこうという考えによるものです。

英語は外国語学習の「きっかけ」

　この質問の裏には、「英語は難しくて大変そう」という不安感があるように思われます。しかし、ここまでお話してきたように、外国語学習の本当の価値は、どれだけできるかを点数で確かめることではありません。また、英語という１つの外国語だけを特別扱いするような学習は、外国語学習の価値を狭めてしまいます。それはとてももったいないことです。英語学習を、「外国語学習のきっかけの１つ」だと捉えてみてください。

Question 9

英語を勉強しても
どうせしゃべれないから、
勉強しても意味がないと思います！

Answer

　学校の勉強の中で英語、図工、音楽、体育などは技能教科ですね。それらの教科を習って、絵がうまく描けるようにならない、楽器が上手に弾けるようにならない、サッカーが上達しないなどの理由で練習したり、勉強する意味がない、と考えるでしょうか。例えば、美術の授業を受けて絵を描くのに興味を持ち、自分で練習すればある程度は上達し、趣味として楽しむことができます。しかし、プロになるには芸術家になることへの憧れと、人一倍の努力が必要です。「英語をしゃべれるようになる」というのも同じことです。学校の授業は「自分で学習できるようになる」ための第1歩です。興味と憧れがあれば、勉強は無駄にはなりません。

解　説

憧れを、憧れのままで終わらせない

　もちろん、英語をペラペラと話せるようになったら素敵なことです。「人気のタレントやモデルが、実は英語ペラペラだった」とか、「優れた成績を残したスポーツ選手が、インタビューに現地の言葉で上手に受け答えをしていた」とかいった場面は、テレビでよく目にします。こうした姿に憧れを抱き、それが英語学習に取り組む動機になるケースも多いでしょう。ただ、その憧れが憧れのままで終わってしまうことも往々にしてあります。いくら学習してもなかなか目に見えるような成果が現れず、最終的には、質問のような投げやりな気持ちになってしまうこともあるでしょう。ここは、考え方を少し変えてみることをお勧めします。

「学ぶ」より「使う」ことを心がける

　結論から述べます。外国語を「学習する」という態度を捨て、「使う」という態度に変えてはどうでしょう。つまり、習った単語や表現を使う経験を増やすことを心がけること、「習うより慣れろ」です。

　スポーツ選手たちが現地の言葉を使えるようになるのは、現地のチームメイトと練習や生活を共にする上で、意思疎通を図る必要があるからです。言い換えると、彼らにはその言語を使う必然性と経験の場があり、その上で努力を重ねた結果話せるようになるのです。決して、カッコ良くなるために外国語を身につけたわけでも、人よりも楽に上達したわけでもありません。

外国語を使えるようになるための基準をそのような人々と同じレベルにすることはできません。社会生活の上で外国語を使う理由が無いほとんどの日本人は、なかなか自分たちの学習の成果を実感することは難しいかもしれません。しかし、学校や自分の身の回りで、あるいは、1人ででも英語を使う、あるいは、英語を口に出す経験を積むことは可能です。学校の授業では、ペアやグループで英語を使う練習をするでしょう。その練習を授業外でも続けてみる。自宅に帰ったら、家族に練習につき合ってもらう。つき合ってくれる人がいなければ、1人でモゴモゴ言ってみる。歩きながら言ってみると、歩調と英語のリズムが合致して良い練習になります。このようなことを繰り返すことは、将来自分が目指す英語話者になるための予行演習になります。まずは英語を口から発することに「慣れる」ことです。

英語でしゃべるって、「何を」しゃべるの?

言葉は相手とコミュニケーションするためのツール(道具)です。コミュニケーションとは意思伝達のことです。「話す意思」、つまり、「話したい事」がなければコミュニケーションは成立しません。英語をペラペラ話すからと言って、その人が必ずしも自分の言いたいことや内容のあることを話しているとは限りません。つっかえつっかえ話しても、内容があることを言っていれば、人は耳を傾けます。つまり、ペラペラ英語を話すことではなく、自分の言いたいことや伝えたいことを英語で言えるようになることを目標にした方が良いと思います。「しゃべれない」というのは英語を使う練習が足りないことと、話す内容がないことの両方の意味になります。

言語学習は生涯学習です

　きっと、あなたは、「英語を学びたくない」と思っているのではなく、「勉強しても、英語がしゃべれるようにならない」、ということを不安に感じているのだと思います。これまで説明したように、勉強したからといって話せるようになるわけではありません。これは誰にでも当てはまることです。大事なことは、しゃべれるようになる方法を身につけることです。小学校のうちに少しでもその方法を身につけることができれば、中学校以降どんどん上達していきます。いったんその方法を身につければ、学校を卒業した後でも、いつでも自分で学習を始めることができます。また、英語以外の外国語にもその方法を取り入れることができるようになります。こうして生涯、言語学習を楽しめるようになります。

Question 10

英語がしゃべれたら
何か良いことがあるのですか？

Answer

　「何かができるようになる」と、良いことはたくさんあります。これまでの経験をちょっと振り返ってみてください。自転車に乗れるようになったら行動範囲が広がった。木登りができたら高いところからの景色が楽しめるようになった、など、できなかったことができるようになると友だちや楽しみが増えて、自分が成長したことを感じたと思います。英語は国際共通語の1つと言われています。つまり、英語はアメリカやイギリスなどの英語母語話者ばかりでなく、ヨーロッパ、アジア、アフリカなどの多くの人々が、お互いに理解し合える共通語として使っています。英語がしゃべれると、こうした多くの人々とつながることができます。片言の挨拶ができるだけでも、交流する

きっかけができます。もっとしゃべれるようになると、自分たちとは少し違う考え方や文化も知ることができます。日本語以外の外国語を学ぶと、自分の視野が広がり、これからのグローバル化社会で生きていく楽しみを与えてくれます。

 解　説

自分たちの世界が広がる

　皆さんは木登りができますか？　木登りができると、遊び方が増えたり、高いところからの景色を楽しめるようになったりします。しかし、「僕はこの先、一生木に登るつもりなんかない」という人もいるでしょう。確かに、木に登らなくても生きていけないわけではありません。あくまで、「それができるようになったら、楽しめることが増える」ということなのです。英語も同じです。英語が本当に役に立つかどうかは、皆さんが将来どんな道に進むかわからない以上、予測することも断言することもできません。でも、英語がしゃべれるようになることで、今まで気づかなかったものに気づき、皆さんの世界が広がることは確かと言えるでしょう。

誰かを助けることができるようになる

　駅などで日本語がわからなくて困っている外国の人がいたら、"Do you need help?"（助けが必要ですか）と聞くことができたり、道を案内するなど、英語を使って助けることができるようになります。英語で助けることで、きっとその方は "Thank you!"（ありがとう！）と言って、笑顔で喜んでくれることでしょう。その時、あなたはきっと、すごく幸せな気持ちになるはずです。日本にはまだ、英語によるサポートができる人は少ないのです。小学校から英語を学ぶあなたたちこそ、そのような英語によるサポートができる人になれると思います。そして、あなたが外国に行って道に迷った時など、きっと日本語ではなく英語で助けてくれる人が現れるでしょうね。

世界中の人々と語り合ったり、仕事ができる

　世界でどのくらいの人が英語を話しているのでしょう。文部科学省の資料によると、およそ3〜4人に1人が英語を話していることになります。世界には、日本語はわからないけれど、日本のゲームやマンガが好きだという人たちや、スポーツや映画や音楽を同じように楽しんでいる人たちがいます。仕事でも、英語で取引をしたり交渉したりしている人がたくさんいます。普段使っている言葉は違っても、お互いに理解できる言葉で、好きなものや楽しいものに共通点を持った人たちと語り合ったり、仕事ができたりしたら、どんなに楽しいことでしょう！

Question 11

文の最初が大文字なのはなぜ？

Answer

　古い時代の英語には、小文字はありませんでした。文章はすべて大文字で書かれていました。昔は紙がなく、羊の皮の裏を使った羊皮紙（ようひし）に書かれていました。その羊皮紙は値段が高かったので、限られたスペースにできるだけ多くの文字を書く工夫と早く書くことが必要でした。こうして小文字が長い年月をかけて開発されました。その結果、小文字と大文字が混ざった文ができるようになったのですが、読む人にとって1つの文としてのまとまりをわかりやすくするために、大文字を文の最初に置くようにしたのです。

解　説

アルファベットの誕生

　まず、アルファベット誕生の歴史を見てみましょう。アルファベットはもともと地中海地方で生まれました。その後、古代ギリシャに渡り、ギリシャ文字ができました。ギリシャ文字の最初の2文字はそれぞれ、アルファとベータと呼びます。この2つの呼び方を続けて読んだことから、アルファベットという言葉ができました。そのアルファベットを、古代ローマ人が自分たちが使い易いように改良して、紀元1世紀ごろに今のアルファベットの大文字ができました。ローマで改良されたので、ローマ字と呼ばれています。

小文字とⅠができた訳

　小文字の完成はそれから800年ほどかかります。小文字が生まれたのはスペースの節約と早く書くこと、つまり、時間の節約のためです。当時は今のような紙ではなく、量産のきかない羊皮紙に文字を書いていました。少ないスペースにたくさんの文字を書くには、小さい文字の方が都合が良かったのです。また、小さい文字の方が早く書けるというメリットもありました。ところが、小文字だけで書かれた文は読み易いとは言えません。そこで、読み易くするために1つの文としてのまとまりを持たせるために、文の先頭を大文字にしました。

　このように文頭に大文字を使うのは、目立たせることにより文や単語のまとまりを示すことができるようにする目的があります。英語は文頭を大

文字にして文としてのまとまりを示しますが、ドイツ語では普通の名詞の語頭を大文字にすることにより、語としてのまとまりをつけています。

大文字を使う場合

英語で大文字が使われるのは以下の場合です。

①今回の疑問のように、文の初め

② Japan, Donald Duck, Tokyo Disney Land のような固有名詞

③ Monday のような曜日の名前

④ February のような月の名前

⑤主語の私を表す I

I は文頭でなくても大文字です。これは i のように小文字にすると細い語なので、他の単語に紛れ込んでしまいます。18 世紀までは、I も小文字で書かれていましたが、見落としや見間違いを避けるために文中でも大文字で書かれるようになりました。

Question 12

単語の前にどうして
a とか an とかがつくの？

Answer

　英語を母語とする人は、単語を口にしようとするとき、その単語が表すものに「形があるかどうか」を無意識に判断し、もし具体的な形があり、数えられるときには、a または an をその単語の前に置くということが身についています。a を置くか an を置くかについては、単語の初めの発音が母音（日本語で言う「あいうえお」）の場合には an を使用し、そうでない場合には a を使用します。これらのルールは日本語には存在しませんが、英語を使用するときには大変重要ですので、本格的に学習する時になったら意識するようにしましょう。

解　説

英語を話す人は、ものの「形」に注目

　ものの名前（名詞）を口にするとき、日本語には特に文法的なルールは存在しません。しかしながら、英語にはまず、ものの「形」に注目するというルールがあるのです。英語を話す人は、ものに対して「具体的な形があるかどうか」を無意識に感じとり、「形があり、数えられるもの（可算名詞）」と「形があいまいで、数えられないもの（不可算名詞）」に分けるのです。具体的な例で示すと、以下のように分類できます。

形があり数えられるもの		形があいまいで数えられないもの	
apple	house	butter	air
book	mother	paper	fun
car	pen	sugar	love
dog	rocket	water	music

　英語では、ものに具体的な形があって、他と区別できる場合は「数えられるもの」として認識され、決まった形がない場合には「数えられないもの」として認識されます。このような区別は日本語にはありませんので、英語を初めて習うときには戸惑うかもしれませんが、英語を使う上では重要なポイントとなってきます。日本語には存在しない、単語を区別するという英語のルールを意識し、ものに対して「具体的な形があるかどうか」を意識できるように、まずは特訓することが必要です。

数えられるものには、a か an を置く

　この「数えられるか、数えられないか」の区別は、英語の文法規則とも密接に結びついています。英語では、ものが数えられると判断した時には、a または an をものの名前の前に置きます。上記の単語を例として挙げると、an apple, a book, a car, a dog, a house, a mother, a pen, a rocket となります。これに対して、ものが数えられないと判断した場合には、a または an をものの名前の前につけることはしません。つまり、*an air, *a butter, *a fun などとはしないのです。ものが数えられるときのみ、a か an が単語の前に必要となるのです。

　このように、ものが数えられるときに単語の前に置くのが a と an ですが、この2つの使い分けも英語ではしなくてはなりません。でも、安心してください。a と an の使い分けは非常に簡単です。単語の初めの発音が母音（日本語で言う「あいうえお」）の場合には、an を使用します。先ほどの例の apple は「あ」の音から始まっていますから、a ではなく an を使用して、an apple となるのです。この他に、母音から始まり an を使用する単語の例を挙げると、an egg, an animal, an uncle, an orange などがあります。

英語独特の「もの」の数え方

　ここまでの説明は簡単に理解できたかと思いますが、実は、数えるか数えないかの判断を間違えやすい単語もあります。例えば、money（お金）と言えば、日本語では数えられそうな気がしますが、英語では数えられません。数えられるのは、a bill（お札）や a coin（コイン）の場合です。同様に、一見数えられそうな information（情報）や news（ニュース）なども英語では数えられず、a や an をつけません。反対に、日本語では具体的な形もないように見える単語に、a や an をつけることもありま

す。例えば、*a shower*（シャワー）、*a walk*（散歩）、*a cold*（風邪）です。とても不思議な気がしますが、これらの単語には具体的な「初め」と「終わり」があり、他と区別することができるので *a* や *an* をつけるのです。

　実はここでご紹介した以外にも、*a* または *an* の使用についてさまざまなルールがありますので、中学校や高等学校でこの文法規則に関して再度詳しく学習することをおすすめします。

Question 13

英語の複数形って？

Answer

　日本語を話す人には馴染みがない、「複数形」というものが英語には存在します。これはヨーロッパ言語の特徴の1つで、ものについて語るときに、それが複数存在する場合には、単数とは区別するために、その単語の形を変化させます。この単語の変化形を複数形と呼びます。学習者にとっては難しい文法項目の1つですが、英語では、あるものが単数なのか複数なのかということを非常に重要視しているので、しっかりと習得していくことが求められます。

 解　説

英語は「数」にこだわる言語

　英語を話す人は、まず「もの」を見て、それに「具体的な形があるかどうか」を無意識に感じとり、「形があり、数えられるもの（可算名詞）」と「形があいまいで、数えられないもの（不可算名詞）」に分けます。次に、数えられると判断した場合には、その「数」についても注目します。日本語の場合、あるものが1つであるか、たくさんあるかは通常あまり考慮しませんが、英語では「それが単数なのか複数なのか」を非常に細かく気にします。そしてその上で、単数のときには単語に a か an をつけ、複数のときには通常「-s」をつけます。このように英語では数が意識され、それが文法にも表れるので、私たち英語学習者もものや人の数に注意を払う必要があります。

　英語はヨーロッパが起源の言語であり、この単数形・複数形の区別はヨーロッパ言語の特徴の1つです。日本語を話す人にとってはあまり重要な区別ではないように感じるとは思いますが、長い歴史の中で変化しつつも、いまだに単数形・複数形の区別は英語の特徴として保持されています。私たちにとっては難しい文法項目かもしれませんが、英語を学習する以上、数を意識しないわけにはいかないのです。

基本的には「-s」を単語につけて複数形にしますが、例外もあり

　単語が数えられ、なおかつ複数形の場合には、基本的に単語の終わりに「-s」をつけます。例えば、books（本）、computers（コンピュータ）、

desks（机）、schools（学校）などです。しかしながら、複数形の作り方のルールは他にもあります。s, o, x, sh, ch で終わる単語には es をつける（bus ⇒ buses, box ⇒ boxes, dish ⇒ dishes）、「子音＋y」で終わる単語には、y を i に変えて es をつける（city ⇒ cities, story ⇒ stories, baby ⇒ babies）、f, fe で終わる単語は f を v に変えて es をつける（leaf ⇒ leaves, knife ⇒ knives, wife ⇒ wives）、不規則な変化で複数形にする（man ⇒ men, child ⇒ children, ox ⇒ oxen）などがあり、さらにそれぞれの規則に例外もあります。

　このようにかなり複雑なので複数形の作り方は慣れるまでは大変だとは思いますが、歴史的に英語を見ると、複数形の作り方は大幅に簡略化されています。昔は不規則に変化する複数形の作り方が多かったのですが、英語がさまざまな民族の言語と接する中で、よりシンプルでわかり易い現在の規則が定着したのです。ですから、昔の人に比べると楽になったと思いながら、学習するようにしてください。

注意すべき複数として扱われる単語

　ここまでで話が終われば良いのですが、英語の複数形にはまだ複雑な側面があります。一見、単数形であるのに、実は複数形であるということがあるのです。例えば、people（人々）が一般的に知られている例です。person が単数形で、複数になると people となるわけです（persons となる場合もあり）。他にも、学習者が間違えやすい単語として、staff（職員全体）、police（警察）なども見た目は単数ですが、複数形として扱われます。また、単数形と複数形でその形が変化しない単語もあります。一番よく知られているのは fish です。単数では a fish となりますが、複数でも ten fish なのです（違う種類の魚を表すときには fishes となる場合もあります）。この他にも単数と複数形で変化しないものには、sheep（羊）、deer（鹿）、Japanese（日本人）などもあります。

複数形の奥深さ

　今回ここでご紹介した複数形に関する情報以外でも、細かな文法規則が存在します。複数形ということを通常意識しない日本語で生活している人にとっては難しさを感じるかもしれませんが、中学校と高等学校での学習を通じて、長い時間をかけてその詳細を学ぶようにすると良いでしょう。

Question 14

小さい頃から英語を話していないと、
大きくなってからでは正しい発音が
できないって本当ですか？

Answer

　確かに外国語の音については、小さい頃から学習した方が習得しやすいと言われています。音を聞き分け、すぐに真似ができる柔軟性があるからでしょう。しかし、「正しい発音」という基準はありません。音声教材などではアメリカの標準的な発音で学習するため、それが正しい発音だと誤解してしまうのは仕方ありませんが、その発音を真似できないからといって悲観する必要はまったくありません。

　言葉はコミュニケーションのツール（道具）です。相手の人とわかり合える発音で話し、意思疎通ができればコミュニケーションは成立します。大切なことは、誰にでも通じる発音を身につけることです。それにはやはり練習が必要です。音声教材のようには発音できなくと

も、何度も口に出して発音することによって、自然に「通じる英語」を話せるようになるはずです。

解　説

「正しい発音」という基準はありません

　「正しい発音」は、通例、「標準的な発音」という用語で表現されます。以前の学習指導要領では、イギリスやアメリカの英語の音を標準的としていた時代もありましたが、現在は、外国語科で学ぶ英語は「標準的な発音」を指導するものとし、「多様な人々とのコミュニケーションが可能となる発音」と記されています。実にあいまいですね。これでは何が「標準的」なのかわかりません。ちょっと言い換えてみましょう。「標準的な英語を学ぶ」というのは、音声教材などでは標準的な発音（現在では標準的なアメリカ英語が多い）で録音され、学習者はそれを聞いて学ぶ。しかし、学習者が発する発音は、コミュニケーションが成立する発音で良い、ということになります。ところが、「コミュニケーションが可能となる発音」に関しても、基準がありません。わかり合えれば良い、ということですが、それはどういうことでしょうか。

「国際共通語としての英語」の話者になる

　100 を超える国や地域で使われている英語の発音は地域によって多様です。英語は単一の言語ではなく、様々な言語の1つの語族（a family of languages）であるとか、English が複数になって "World Englishes"（世界の複数の英語）などと言われています。アメリカ、イギリス、オーストラリアなどの英語の母語話者は約3.5億人程度とされています。一方、英語を第2言語、コミュニケーションのための共通語、あるいは、外国語として生活や仕事で使っている人たちはその3〜5倍いると言われています。母語話者の間でも、標準とされる英語は異なりますし、まして、それ以外の人々はそれぞれの言語的・文化的な特徴のある英語を使っています。ただし、そのような特徴が強すぎるとわかり合えなくなるので、通じる発音が大切になるということです。

　以上のように、英語は母語話者の占有物ではないことは明白です。日本の英語教育でも「国際共通語としての英語（English as a lingua franca：ELF）」の話者を育てることが目標になっています。英語を学んでいる子どもたちが将来英語を話す相手は、母語話者よりも英語を母語としない人である可能性が大きいのです。

「正しい発音」より「通じる英語」を目指しましょう

　英語を母語としない話者と話す時に、相手の発音について「正しい・正しくない」と判断することは、英語話者の差別化につながりかねません。多様な発音に対しては「こういう発音もあるんだ」と違いを認めつつ、まずはお互いに話している内容が理解できるかどうかが最も重要です。したがって、特定の発音だけが正しいと考えるのではなく、英語を使うすべての人たちに対して、「通じる話し方」を習得することが重要なのです。「通じる」ポイントは、強弱のリズム、語頭の /p/, /t/, /k/ の発音、seat と

sit などの長母音と短母音の区別などと言われています。世界中で英語が広がっていくのに伴い、その地域特有の英語もさらに増えていくでしょう。なぜなら、言葉というのは、それを話す人のアイデンティティー（自分が自分であることを意識すること）と強い関係があるからです。日本人らしい英語の発音であっても、相手に通じ、伝える内容に意味があれば、誇りを持てば良いのです。そして多様な話者と通じる英語で話すことで、世界中に友だちをたくさん作れるようになると良いですね。

Question 15

小学校教師の英語力は
どの程度必要ですか？

Answer

　教師の英語力には2種類あるとお考え下さい。一般的な英語力と授業で必要な英語力です。

　前者は、通常、英検などの能力試験で測れる英語力で、中等教育の英語教員に求められているのは英検準1級以上とされています。毎年教員対象の調査が行われていますが、2016年度の結果では高等学校で62.2％、中学校で32.0％の英語教員が達成しています。この数値をみても、これまで英語力が求められていない小学校の教員が、このレベルに達するのは至難の業でしょう。従って、まずは基本的な英語の技能（中学校レベルの英語が使える力）を身につけることを目指すことです。

後者、つまり、授業で必要な英語力ですが、これは能力試験などで測ることはできません。小学校英語活動への理解、教材の活用方法や指導方法、言葉と文化に対する洞察、子どもに対する内容の説明や指示、教室英語を使うスキルなどが求められます。これらの能力の中には、小学校教師としてすでに積み上げている能力も含まれているでしょう。その能力を活用し、授業に必要な英語の知識、語彙力、表現力を少しずつ身につけるように努めることだと考えられます。

解　説

教室英語を使いこなす

　まずは中学レベルの文法や語彙・表現を使うことができる英語力が求められますが、その方法の1つが教室英語（クラスルーム・イングリッシュ）の活用です。文部科学省が作成した研修ガイドブック「実習編」には、音声とともに、場面別の教室英語が収められています。初めから全部覚えなくても大丈夫です。毎回の授業の際に、少しずつ使える表現を増やしていきましょう。教師が積極的に英語を使用する姿を見せることによって、子どもたちは一生懸命に教師の英語を聞こうとします。先生が子どもと同じように、新しいことに挑戦する態度・姿を示すこと＝学習者のモデルとなることは、子どもたちの「学びへの動機」を大いに刺激することにつな

がるのではないでしょうか。また、小学校では、ALT など外国語に堪能な人材とのチーム・ティーチングを推奨しています。さらには音声教材やICT 教材などを適宜活用することで、良質な英語の音に触れさせることもできます。これらの機会や教材を利用しながら英語を使う経験を積み重ねることが肝要です。

「小学校の英語活動への理解」が重要

　教師の英語力はもちろん高い方が良いと思います。しかし、英語力が高いからといって、良い授業ができるとは限りません。一方、英語力が低ければ良い授業ができないというわけでもありません。ポイントは、小学校の英語活動というものをどのように理解しているか、という点にあります。文部科学省（2006）は「学級担任は、他の教科も担当しているので、国語や社会など、他教科と関連づけた英語教育を行うのに適している」、また「学級担任は、担当教員よりも子どもの実態をよりよく理解しており、子どもとの心理的距離も近い」と述べています。そこには、他の教科も総合して教えている小学校の先生だからこそできる、英語教育の形があるはずです。

　ですから、先生も間違いを恐れず、子どもたちと一緒に英語を使いながら英語力を磨いていきましょう。

Question 16

小学校外国語教育では、小学生に
何を教えるべきですか？
また、そのために教師はどのような
スキルが必要ですか？

Answer

　小学生には、外国語を教えるというより外国語を使う経験をさせ
る、と考えた方が良いでしょう。つまり、授業では知識を教え込むの
ではなく、言語活動を主体とすることです。言語活動を通じて、子ど
もは外国語の学習方法に気づきます。その気づきが、中学校での学習
につながります。従って、教師は主として様々な言語活動のスキルと
言語活動を指導する基本的な語学力（例えば、教室英語）を身につけ
る必要があるでしょう。そのスキルの中には、ペアやグループ活動、
調べ学習、発表活動など、すでに小学校の先生が指導する力を備えて
いるものがあります。また、他教科で学んだことを外国語指導に役立
てること、さらに、子どもの得意・不得意、興味・関心を考慮して外

国語学習の動機づけを図ることも求められています。これらができるのも、小学校の先生ならではのスキルです。要するに、小学校教育の中での外国語教育なのですから、中学校以降の専門教科のようなスキルは、子どもたちにも教師にも求められていません。次に進むための素地を固めるのが小学校教育の役割です。

解 説

語学力は、小学校外国語教育の必須の能力ではない

　国語を指導するのに、ひらがなや漢字が書けないのは困りますが、小説家になれるほどの文章力や、プロの司会者になれるほどの話術は必須ではありません。また、音楽を指導するのに、楽曲や楽譜に関する基本的な知識が無いと困りますが、ピアノで即興伴奏ができる程の演奏力や、声楽家ほどの歌唱力は必須ではありません。それと同様に、外国語を指導するのに、基本的な単語や文章を読んだり、書いたり、声に出したりすることができないのは困りますが、洋画を字幕無しで理解したり、会議で議論できたりする程の語学力は必須ではありません。

　ただし、「必須ではない」というのは、「全く必要ない」という意味ではありません。文章力に優れている教師、ピアノ伴奏に長けている教師、外国語を流暢に話せる教師がそれぞれの分野においてより優れた指導実践が

できる可能性が高いということは言えるでしょう。その意味では、各分野の専門性は、より質の高い実践をするために「あったら良い」ものであると言えます。

「小学生に教えられる」からこそ、小学校教師である

教師の個性や専門性は多様です。従って、全国40万人超の小学校教師が、一様な知識・技能・経験を兼ね備えているということはあり得ません。しかし、それでも日本の小学校教育が一定水準の成果を保証できているのは、教科の専門性によるものではなく、多様な内容を、まだ領域別に分化していない小学生に対して教えることができる、という指導技術があるからです。この観点に立てば、小学校外国語教育を考える際、教師が第一に考えなければならないことは、教師自身や子どもたちの語学力を高めることよりも、小学校で国語・算数・音楽・体育・英語等を教えて、将来どんな人材に育って欲しいかというゴールを具体的に思い描き、それに近づくための授業を構築することではないでしょうか。

Question 17

小学校の英語では
文法をどう扱うべきですか？

Answer

　小学校3・4年生で行われる「外国語活動」では、英語のコミュニケーションに親しませることが目標であるため、文法指導は基本的に行う必要はありません。その一方で、小学校5・6年生では外国語が「教科化」され、英語の基礎的な「スキル」を習得させることも目標となるため、ある程度の文法指導が求められます。

　小学校の段階で扱う文法は基礎的な項目が多いため、指導内容について特に心配する必要はありませんが、教室での文法の扱い方には注意が必要です。文法は単なる知識ではなく、コミュニケーションを円滑に行うために必要なものです。教える際には文法項目を単独で取り扱うのではなく、必ず言語活動と結びつけて文法を指導することが重要です。

 解　説

学年による指導内容の相違

　新小学校学習指導要領（平成 29 年 3 月公示）では、小学校 3・4 年生で「外国語活動」を行い、「外国語の音声や基本的な表現に慣れ親しむようにする」ことや、「外国語を用いてコミュニケーションを図ろうとする態度を養う」ことなどが目標として掲げられています。この目標には、英語でのコミュニケーションの楽しさを体験させ、外国の言語や文化に親しませるという意図があるのです。この時期の子どもたちには、文法について取り扱う必要は特になく、文字指導についても音声によるコミュニケーションを補助するものとしての位置づけになっていますので、あくまでも聞くことと話すことを中心に、コミュニケーションを教えるというスタンスで良いでしょう。

　しかしながら、小学校 5・6 年生では外国語が「教科化」され、「実際のコミュニケーションにおいて活用できる基礎的な技能を身につけるようにする」ことが目標とされています。つまり、英語を体験させ親しませるというレベルから、基礎的な「スキル」を習得させるレベルに学習内容が変化するのです。新小学校学習指導要領には「文法」という文字では表現されていませんが、小学校 5・6 年生には「文及び文構造」に触れることが明記されています。日本語と英語の語順の違いなどに注意を向けさせ、基礎的な表現をコミュニケーションに活用できるように指導することが求められています。

小学校 5・6 年生に教えるべき文法内容

新小学校学習指導要領には、身につけるべき知識・技能として「文及び文構造」が挙げられ、具体的にその項目が示されています。主な項目を列挙すると、肯定文、否定文、命令文、疑問文、名詞、代名詞、動名詞、過去形、助動詞、主語、動詞、補語、目的語などです。文法の中でも最も基本的な項目が挙げられているにすぎませんので、教える側も大きく身構える必要はありません。これらの項目にあまり自信がない場合でも、初歩的な文法書を一度確認すれば、しっかりと指導できる内容ですので安心してください。

文法を扱うときの注意点

文法を教える際に気をつけなくてはならないことがいくつかあります。まず、文法はコミュニケーションを円滑に行うためのものであり、文法を教える際には言語活動と結びつけて指導することが重要です。文法を規則として指導するのではなく、英語を使用して意思疎通を効果的に図るために文法指導は行われるべきなのです。次に、文法を指導する際、用語や用法に重きを置いた指導は避けるということも重要です。あくまで文法はコミュニケーションを補助するものであるため、用語や用法に偏った指導を行ってしまうと、子どもは知識だけを身につけ、英語の運用能力が育たなくなってしまいます。教員が一方的に知識を伝授するという教え方ではなく、子どもが英語の使用を通じて文法を習得していくように促す必要があるのです。そして最後に、子どもの文法のミスに関して寛容になることも不可欠です。小学校の段階では文法の正確さは求められておらず、コミュニケーションにおける基礎的なスキルを英語で身につけることが一番大切なことなのです。そのため文法の小さなミスにばかり焦点を当てて指導してしまうと、本末転倒になってしまいますので注意が必要です。

Question 18

発音や文法などを、どこまで教えて、どこまで深く押さえるべきなのか、その程度がわかりません！

Answer

　小学校英語は、体験的に学ぶ生活の言語の段階ですので、発音は音声教材の真似をさせる程度で、文法の明示的な指導は行いません。言語活動を通して、文構造や語順への気づきを促すことが求められています。語彙指導は、文科省作成の教材や今後作成される教科書に出てくる語彙や表現を、言ったり聞き取れたりできるようにさせれば十分です。

解　説

生活の言語と、学習の言語の段階を考慮する

　国語科で考えてみましょう。小学校1年生の子どもたちはそれまでの生活経験を通して、ほぼ母語である日本語を使いこなせる段階で入学してきます。しかし、まだまだ未熟なので、語彙が不足していたり、様々な間違いや不適切な表現をしたりします。それを整然と体系だって指導し、日本語を洗練させていくのが国語科という教科の役割です。国語科は、「生活の言語」から「学習の言語」へ橋渡しをしているのです。

　では、英語はどうでしょうか。これまでは、中学校で初めて教科としての英語、「学習の言語」としての英語に出会っていました。つまり、「生活の言語」の段階を踏まえていなかったのです。そう考えれば、小学校英語が主に担うべき役割は、「生活の言語」としての経験の部分と言えるでしょう。ですから、目標表現の指導を最初に掲げるのではなく、様々な場面や状況の中で使う体験を積ませるような授業をすることが大切です。

　英語の指導というと、とかく「正確さ」を求めてしまいがちになりますが、小学校段階では意思疎通ができること、細部が聞き取れなくても全体として意味を推測して理解できること、お手本を参考にしながら発音したり文字を書き写したりすることができれば十分です。

文構造や語順への気づきを促し文法は明示的な指導はしない

　例えば、"I enjoyed swimming."という例文で小学校と中学校の指導法を比較してみましょう。小学校段階では、この文を聞いて「泳いで楽し

かった」という程度の内容推測ができたり、教師のお手本や教材の英文を参考にしながら言うことができたり、それらを書き写すことができたりすることが目標とされます。また、「私は・楽しんだ・泳ぐこと」という日本語と異なる語順であることや、主語の位置などについての気づきを、活動での言葉のやり取りを通して気づかせることも目標となっています。

それに対して中学校段階では、動詞 enjoy の意味や時制の変化、動名詞の役割などの文法知識（enjoy ＋動名詞）を説明してもらって、明示的に学び、それらの知識を使って意味ある文を自力で生成できるようになることが目標とされます。

こうした小学校英語、中学校英語の違いを比較すれば、おのずと小学校段階で育むべき「コミュニケーション能力の素地／基礎」が見えてくるでしょう。それと同時に、小学校段階にはふさわしくない指導内容というものも見えてくるはずです。

語彙：受容語彙と発信語彙の違いを理解し、暗記を強制しない

語彙指導については、2020 年に実施される学習指導要領解説にも明記されていますが、まず、受容語彙（児童が聞いてわかる語彙）と発信語彙（児童が発信することができる語彙）の区別を理解しておきましょう。*We Can!* や *Let's Try!* の中の Let's Listen、Let's watch and think、そして STORY TIME は受容語彙を扱う活動。Activity は発信語彙を主に扱う活動です。従って、両教材で扱われている語彙や表現すべてを、自由に使えるようになるまで、完全に暗記させたり練習させたりするような指導は求められていないのです。

発音：児童は「聞いてわかる、真似できる」
　　　教師は「英語らしく発話する」ことを目指す

　上述のように、小学校英語では発音を矯正するのではなく、活動における言葉のやり取りを通して、聞いてわかる、聞いた音を真似することができるようになることが求められます。教師は当然、英語らしく発話できる必要があります。あからさまに間違っている発音を聞かせるのは問題がありますが、小学校段階で求められる語彙や表現には、多くの教師が過去に受けた外国語教育の内容を超えるものはありませんので、授業で扱う語彙や表現だけは事前に音声を聞いたり、発音記号を見たりして練習しておけば、十分対応できるはずです（ちなみに、*We Can!* と *Let's Try!* の指導書には、英文の発音を確認するための QR コードが印刷されていますので、是非、活用しましょう。また文部科学省は You Tube に発音や small talk 動画を用意しています）。

Question 19

小学校の段階で指導の際、
文法にはこだわった方が良いですか？
中学校に進学する時に必要ですか？

Answer

　新学習指導要領に、小学校の段階では「文法の用語や用法の指導を行うものではなく、言語活動の中で基本的な表現として繰り返し触れることを通して指導」と記されているように、小学校では、明示的に文法を教える必要はありません。英語を用いた豊かなコミュニケーション活動を通して、大まかなルールに気づかせるような授業を心がけましょう。

解　説

推測する力を育てる

　新学習指導要領に「推測しながら読んだり、語順を意識しながら書いたり」としているのは、「外国語科としての言語能力の向上の観点から、言語の仕組みの理解などを促すため」と解説されています。新教材 *We Can! 2* Unit 5「My Summer Vacation」では、動詞の過去形を扱うことになっています。文法を意識しすぎると、「『食べる』は eat だけど、『食べた』は ate と言います。」と教えてしまいたくなります。しかし、それではただルールを暗記するだけの学習になってしまいます。そこで、デジタル教材のビデオを見せたり、教師が自分の夏の思い出を語りながら "I ate curry and rice." という表現を聞かせて、「（今ではなく、過去に）私はカレーライスを食べた」という内容を推測させます。同様のことを様々な食べ物名を使って繰り返すうちに、子どもたちは「何かを食べた場合、"I ate…" と言うのだな」とルールを理解したり使おうとしたりします。こうした推測する力こそ、2018 − 19 年度の学習指導要領において育成することが求められている「思考力・判断力・表現力等」の一部です。

　文法のルールを教えて覚えさせるのではなく、聞いたり話したりする活動を通して、ルールに気づかせていくのです。

「気づき」を促す授業形態を

　高学年になると、わからない英語を聞いて「それを使って表現してみましょう」と言われても、心も体も動かない子どももいます。「なんとなく」

というのが気持ち悪くて、きちんと説明を受けて理解したい子どももいます。これは、それまでの「覚えて正確に答えられれば良い成績がとれる」という学習体験によるものだと思われます。高学年なので説明して理解する力は低学年よりはるかに高いと想像されますが、それでは知識を詰め込むだけの教育です。小学校の英語教育では、「まず、文法の説明ありき」の英語学習ではなく、学習指導要領の趣旨に則り、英語を使う豊かなコミュニケーション活動を通して、日本語と英語の音やルールの違いに気づかせていくような授業を心がけましょう。

三人称単数現在は
どう扱えば良いですか？

Answer

　三人称単数現在（三単現）の動詞の -s, -es は、中学初級レベルの基礎的な文法事項とされていますが、英語の達者な人でも間違えるほど習得が難しい項目です。小学校では人称代名詞の練習の中で自然に取り入れると良いでしょう。明示的な文法の説明をせずに、子どもが発言した時はリキャスト（誤りを訂正せず意味を変えないまま文法的に正しく言い直しをする事）してあげます。例えば、子どもが "He like dogs." と言ったら、"Oh, he likes dogs!" などと言い直しながら、「he の後は like ではなく likes と言うよ。中学校でしっかり勉強しようね」とひとこと添えるだけで良いでしょう。

解 説

三単現は人称代名詞の練習で

We Can! では、she, he は She can, He can という形で学習するので、三単現を扱う必要はありませんが、普段の授業で likes や wants などを使いたい場面があるかもしれません。like や want 程度ならまだ良いのですが、教材で扱われている swim, go, take, ride, put, wash, brush, dance, fly などの動詞も含めるとなると、語尾の発音の変化や –s と –es のつけ方も教えなければなりません。これに否定文や疑問文が入ろうものなら、子どもたちはもうお手上げです。従って、三単現を扱うとしたら、動詞の数を制限し、説明は子どもの気づきを促す程度にして、リキャストで授業を進めましょう。

　小学生のうちはまず人称代名詞について理解し、たくさん触れるようにしましょう。人称について慣れておくことは、後に三人称の動詞を扱う際に、子どもたちの負担を和らげることにつながります。外国語教材には含まれていない語彙もありますが、楽しいアクティビティで人称代名詞（I, you, he, she, it, we, you, they）に慣れる活動をしませんか？　その後でサラリと he や she の後は like が likes になると教えれば、抵抗感がないでしょう。

【アクティビティ例1】
① 10人程で円陣になり、最初に話す人を決める。最初の人は「わたし」
　 と言い、誰かを指して「あなた」と言う。言われた人は他の人を指して

同様に言う。今度は英語で I, you と言いながら、同様にやってみる。話している人が I、話しかけられている人が you だと実感できるようになる。

②今度はペアになり I, you と言い合い、声をそろえて2人で we と言う。他のペアの男子を指して he、女子を指して she、2人以上を指して they と言う。この活動をする事で三人称が体感できるようになる。

【アクティビティ例2】

【アクティビティ例1】の活動後、「I は日本語では何と言うかな？」と問いかける（わたし、ぼく、おれ、わし等）。同様に you についても質問する（きみ、あなた、おまえ、おぬし等）。英語は I と you という言い方だけだが、日本語にはいろいろな言い方がある事に気づかせる。今度はまんがのキャラクター、身の回りの物などが she, he, it, they のどれになるか、みんなで考えて声に出して言ってみる。

【アクティビティ例3：人称代名詞カード合わせ＆坊主めくり】

①人称代名詞の英語とそれに対応する日本語のチャートを黒板に貼る。

②2種類のカードを用意。一組のカードに人称代名詞の英語、もうひと組にそれに対応する日本語（例：わたし、あなた、君と僕、〜先生、お母さん、王様、コンビニのお兄さん、隣のおばあちゃん、キャラクター名など）を書き、カード合わせをしたり、カードの表裏に同様の事を書いて坊主めくりの要領で遊ぶ。

【アクティビティ例4：人称代名詞スネークゲーム】

①前列の机を横並びにくっつけ、【アクティビティ例3】で使用したカードの日本語の方を上に向けて並べる。並べる枚数は活動に充てる時間に応じて調整する。

②4〜6人で班を作り、2班ずつ対抗で行う。2つの班はカードの両端に並ぶ。スタートの合図で、各班の一番手の人はカードの日本語に対応する

人称代名詞を言いながらカードをめくり、正解なら次のカードへと進む。両チーム出会ったところでじゃんけんをし、勝った人は次のカードに進み、負けた人は2番手の人と交代する。2番手の人は続きのカードではなく、1枚目のカードから始める。同様に進めて相手の陣地までたどり着いたチームの勝ち。

【アクティビティ例5：人称代名詞カルタ】

　【アクティビティ例3】で使用したカードの日本語を上に向け、机に広げる。先生が"he!"と言ったら he に相当するカードを全部取る（おじいさん、お父さん、お兄さん、〜先生、カツオ君など）。同様に I, you, she, it, we, you（あなたたち）、they なども行う。

Question 21

3・4年生でも複数形を意識して 指導すべきですか？

Answer

　「複数形を文法事項として3・4年生の子どもに教えるべきか」という問いに対する答えは、「No、教えなくて良い」です。しかし、「教師が複数形について意識して教えるべきか」という問いであれば、答えは「Yes」です。自然な英語表現に慣れ親しませるためには、ある程度英語のルールに則った正しい英語表現を教師が使うことを心がけましょう。

解　説

「ルール」の理解より、「正しいインプット」が先

新小学校学習指導要領（平成 29 年 3 月公示）の指導内容（外国語活動）には、複数形は含まれていません。従って、複数形は教えなくて良い、ということになります。しかし、英語を学ぶ上で、複数形は極めて重要な概念です（see Question 13）。本来、複数形で言うべきところを、「難しいから」という理由で省略してしまうというのは、日本語で「鉛筆を数えるには『～本』と数えないといけないけれど、難しいから『～個』でいい」と言っているようなものです。たとえ日本語をまだ十分話せない幼児相手でも、大人は正しい数え方を教えるのではないでしょうか。ルールを理解する以前から「周囲からの正しい表現のインプット」が十分与えられていたからこそ、子どもは正しい表現を自ずと身につけていくのです。英語に話を戻せば、「3・4 年生にとって、英語の複数形はまだ難しいから、教えない（教師が言わない）。」ということではなく、「3・4 年生にとって難しい事項だし、今すぐ使いこなせるようにはならないけれど、今のうちから正しい言い方を聞かせて、馴染ませておこう。」と考えた方が良いでしょう。

教師は、気負いすぎない程度に「意識して」使う

そのためには、教師はある程度積極的に単数形・複数形を意識して使うようにする必要があります。「複数形は、日本人にとって難しい」と言った直後で矛盾するようですが、ここで意識していただきたいのは、パー

フェクトに使いこなそうと気負うのではなく、状況として「明らかに複数形で言うべき」と判断できる場合は、複数形を使うよう努めれば良いということです。例えば、バナナがたくさん写っている写真を子どもたちに提示する場合、"This is a banana." よりは "These are bananas." の方がふさわしいのは、英語を学びたての子どもでもわかります。こういう時は、気をつけて bananas を使うようにすれば良いのです。small talk や、やりとりのモデルとなる場面では、予め使う英語を準備して練習しておくことができるはずです。

聞いているうち、使っているうちに、子どもは気づくこともある

　一方、子どもたちには、間違いを恐れずにどんどん発話させたいものです。教師は、自分は意識して使うように心がけながらも、「日本語ではないから、子どもは間違って当然」、「間違っても大丈夫」という雰囲気作りに努めましょう。教師の寛容な姿勢が、子どもたちの心理的ハードルを下げ、「間違ってもいいから、英語で言ってみよう」という態度を育てることにつながります。逆に言えば、複数形のルールに厳しいあまり、子どもたちの英語の学習意欲を削いでしまうのは、とてももったいないことです。もし、子どもが "I like apple." と言い間違ったとしても、さりげなく "Oh, you like apples!" と、教師のリアクションで言い直してあげる程度で十分でしょう（ちなみに、「リンゴが好き」と日本語で言う場合、1つのリンゴではなくリンゴ全体が好きということなので、通常複数形で表現します）。

楽しみながら子どもの気づきを促す授業の工夫

　複数形のルールを明示的に指導する必要はありませんが、授業の工夫次第では、子どもたちに「英語には、2つ以上のものを言うときには言い方

が変わるらしい」ということに気づかせることはできます。

　リンゴ 1 個の絵を提示して "one apple"、2 個のリンゴの絵を提示して "two apples"、…と、複数の時に –s を強調して発音しながら提示したり、1 個の言い方に戻ったりを繰り返すと、子どもたちはほどなく複数形の規則に気づいていきます。頃合いを見計らって、別の絵（例えば、バナナ）を提示すると、子どもたちは 1 つの時は banana、2 つ以上のときは bananas と言い始めます。この時点で、「複数の時は –s がつきます」という説明は必要ありません。次々と提示する絵やその数量を変えていき、子どもとのやり取りを楽しみましょう。

Question 22

小学生に対する 英語の品詞の取り扱いは どうしたら良いのでしょうか？

Answer

　小学校教育では、国語科でも品詞は指導事項にありませんので、外国語科で扱うのは避けるべきでしょう。学習指導要領の外国語の「文構造」の項目において、名詞、動詞、形容詞などの品詞名が用いられていますが、これはあくまで取り扱う文の種類を説明するための便宜上のものです。品詞名を使って指導するという意味ではありません。

解　説

国語科と外国語科の指導事項の整合性を図る

　小学校教育という枠組みの中で行われる指導である以上、指導事項は、外国語教育単体ではなく、同じく言語を扱う国語科の指導事項との整合性も考慮に入れる必要があります。

　国語科で本項に最も関係が深いのは、次期学習指導要領解説・国語編「知識・理解」の中の「文や文章」の指導事項です。以下に抜粋します。

【第1学年及び第2学年】
　文の中における主語と述語との関係に気付くこと。
【第3学年及び第4学年】
　主語と述語との関係、修飾と被修飾との関係、指示する語と接続する語句の役割、段落の役割について理解すること。
【第5学年及び第6学年】
　文の中での語句の係り方や語順、文と文との接続の関係、話や文章の構成や展開、話や文章の種類とその特徴について理解すること。

　ここに示されているように、小学校国語科では、品詞ではなく、主語、述語、修飾語などの文の要素を指導することになっています。品詞が指導事項となるのは、中学校になってからです。そのことを考慮すれば、外国語科だけが品詞を指導するというのは、子どもたちに余計な負担を増やすことになります。

教師には、品詞の知識は必須

　教師は英語の品詞に全く無頓着で良いかといえば、そうではありません。品詞の定義や、文の構造上、主語になり得るものは名詞か代名詞であり、英語の文章には原則必ず1つの動詞が含まれる、などの基本的な知識は持っておくべきです。それは、日本語の品詞の知識抜きに国語科を指導することがあり得ないのと同様です。子どもたちに対して明示的に指導しなくても、教師は子どもにとって必要と判断したのなら、わかりやすく説明できるだけの文法の知識を持っていないといけません。

　ちなみに、外国語科で指導する文構造は、「主語＋動詞」「主語＋動詞＋補語」「主語＋動詞＋目的語」の3種類のみとなっています。

将来の品詞の学習に繋げる工夫も

　明示的な指導をしなくても、子どもたちに文の要素や品詞の違いに気づかせるような工夫はできます。子どもたちに示す単語絵カードなどを品詞ごとに色分けしておくことで、文構造を視覚的・感覚的に捉えさせることができます。例えば、名詞や代名詞は黒、動詞は赤、形容詞は青といったように色をつけておくと、文章はいつも黒いカード→赤いカード（主語＋動詞）の順で並んでいることや、青いカードは黒いカードにくっつく（a nice aquarium など）、赤いカードは文の中に必ず1枚入っている、といった気づきを促すことにつながります。

　もし、子どもたちが文章中での品詞の働きの違いに気づき始めるようであれば、実態に即して、名詞は「人、もの、動物、場所の名前を表す言葉」、形容詞は「修飾する言葉」、動詞は「動きを表す言葉」などの言い方で説明してあげるのも良いでしょう。それによって、国語科の指導との連携や、中学校以降の英語の学習との緩やかな接続が期待できます。

Question 23

英語でプレゼンをする際、
どこまで厳密に英訳させるべきか？
（未来や過去を表す表現）

Answer

　ご質問には2つの前提があるようです。1つ目は、プレゼンの原稿を日本語で作って、それを英訳するということ。2つ目は、文法が間違っていたら訂正する、ということです。この2点を前提とした質問に対してはひとことでは答えられません。なぜなら、プレゼンの種類、目的、場面によっても、指導対象の子どもによっても指導方法が異なるからです。ここでは、公立小学校の子どもを対象とした、通常授業の言語活動の一環としてのプレゼンという前提でお答えします。

　基本的には、小学生のプレゼンで求められるのは、限られた英語語彙や表現を使って、自分の言いたいことを聞き手に伝えることです。そのためには、英語だけでなく、絵や写真などを活用する必要があり

ます。身振りと写真や絵を利用すれば、"This is…""I like…""I play…""I went to…""It is…"程度の英語表現を使っても十分にプレゼンができます。つまり、英訳するという前提ではなく、プレゼンの前に十分に慣れ親しんだ英語を使って「自分の伝えたいことを発表する」経験をできるだけ多く積ませることが大切です。文法の間違いが多少あっても、相手に理解されれば小学校の段階では十分、と考えてはいかがでしょうか。

 解　説

英訳させるのではなく知っている英語を使わせる

　普段使っている日本語をそのまま英語にすることは、大人でも難しいことです。小学校6年生あたりでは、プレゼンを求められる単元が多くなり、かなり複雑な日本語の文章を組み立てる必要があります。その日本語の文章を英語に訳すのも大変ですし、訳したとしても、聞いている子どもたちはほとんど理解できないでしょう。聞いている側がチンプンカンプンだとしたら、何のためのプレゼンかわからなくなります。また、プレゼンをする子どもも、自分で英訳をしたとしても、原稿にフリガナを振ったりして読むだけになる可能性があります。それでは、ほとんど英語力の向上には役に立ちません。

それよりも発想を変えて、発表者も聞き手も知っている英語表現でプレゼンをさせてみてはどうでしょう。プレゼンは話し言葉ですから、キーワードやフレーズをいかに相手に伝えるかが重要です。例えば、慣れ親しんだ "This is…" "I like…" "I play…" "I went to…" などの表現の後に、言葉をどのように続ければ良いかを考えさせます。その単語が難しかったら、写真や絵をつけさせれば良いでしょう。感想や印象を述べる "It is…" の部分は、既習の形容詞を使うように指導します。

指導としては次の3つが考えられます。

1. 聞き手に理解してもらう工夫をさせる

プレゼンでは、英語の正確さについて指導するよりも、聞き手により良く理解してもらうためにはどういう工夫をしたら良いかを教えましょう。絵を指し示すジェスチャーをうまく使うことができるか、教室や会場の後ろにいる人にも十分聞こえる大きさの声で話せるか、イントネーションやアクセントなど、英語らしいリズムで話すことができるか、会場をきちんと見ることができるかなど、指導することはたくさんあります。

2.「主体的・対話的で深い学び」につながる協同学習

発表を1人でさせるのは子どもにとっては心細いし、大変です。そこで、グループで発表をさせるようにしましょう。グループで自分たちの考えを伝える原稿表を一緒に作ることを通して、「主体的・対話的で深い学び」（アクティブ・ラーニング）へつなげることができます。クラスメイトと協同で情報を整理し、自分たちの情報や意見が伝わるように工夫するためには、お互いがよく相談し、役割を分担することが必要です。グループのメンバーがお互いに助け合って、プレゼンという1つのプロジェクトを実践し、その後、フォローアップとして振り返る時間を設ければ、この協同学習がアクティブ・ラーニングを体験させる良い機会になるでしょう。

高学年であれば、小学校教育の強みを生かして教科横断的なプレゼンを

試みるのも良いと思います。他の教科の授業で日本語によるプレゼンを行わせてから、同じ内容を英語の授業でやってみるのです。発表者も聞き手も1回は話したり聞いたりしているプレゼンなので、内容はだいたいわかっています。例えば、社会科の時間で、海外の国の紹介を日本語でプレゼンをさせた後、今度は限られた語彙と表現を使って、どうしたら英語のプレゼンができるかをグループで考えさせます。日本語の場合より地図や写真・イラストを多用することになるでしょうし、国の正式な英語名や人口、言語、政治形態、産物、文化など、必要な情報の英語も調べる必要があります。これらをメンバーが分担して収集したり、調べたりします。1人だと大変ですが、グループで行えば準備は楽しいものになるはずです。また、発表の際には、口頭の発表者に加えて補助資料をタイミングよく示す役や、コントや劇で表現する役など、小学生なりの工夫で質の高いプレゼンが可能となります。プレゼンが終わったら、その成果や課題を話し合わせるという時間を設けることも大切です。

この項の終わりに、教科書を使ってできる協同学習の指導例を掲載します。

3. 発表原稿を作成してプレゼンする場合には

原稿を見ないでどの程度発表できるかがポイントです。それには、知っている英語でなるべく書くこと、視覚資料を豊富に準備し、それを見るだけで英語が浮かんでくるように工夫すること、などの指導が必要でしょう。原稿ができた段階では、意味が通じれば厳密な添削はせず、子どもの英語をできるだけ活かすようにした方が良いでしょう。また、授業外でも練習ができるように配慮してあげることです。

6年生になったら、原稿を見ないで発表ができるようにしたいものです。Show and Tell のような初期の短い発表の段階から、原稿を見ないで発表する練習をしておくことはとても大切です。

【指導例】

○ *We can! 1* Unit 3 What do you have on Monday? を使った協同学習

　この単元では、発表の機会が2回設定されています。友だちとやり取りをしながら自分の夢の時間割を発表する場と、ある職業に就くために学習すべきことについてグループで考えたものを発表する場です。ここでは発展的なグループ発表を行うための協同学習について紹介します。

　グループで発表する職業は、*We Can! 1* の指導書では決められた6つの中から選ぶ方法が示されていますが、ここでは2つの事例を紹介します。

【指導例 ①】

　子どもたちが日頃行っている、係活動の仕事内容の実社会版（動物園の飼育員は飼育係、アナウンサーは放送係、新聞記者やライターは新聞係や掲示係等）の職業で行います。

　また、子どもたちが普段からお世話になっている人々（校務員さん、調理員さん、校門監視員さん等）や、身近な先生（担任の先生、養護の先生、校長先生、ピアノの先生、塾の先生）等、存在が当たり前すぎてあまり意識したことがない人々について考える機会を持たせ、インタビューを通してその人やその職業と自分たちとの関わりを感じたり、感謝の気持ちを表す機会にしたりすることも可能でしょう。

　子どもたちはオリジナルの時間割づくりを通して、毎日の学習や経験していることのすべてが、将来の自分たちの夢や実社会につながることを実感します。

【指導例 ②】

　将来なりたい職業についてアンケートを取り、クラスで話し合って職業を決定します。

　どのグループがどの職業について考えるかを決める際には、くじ引き等

で決めるのではなく、協同学習の手法の1つであるジグソー学習で行うと、児童1人ひとりに責任感を持って活動させることができます。

　グループ内で誰がどの職業を調べてくるかを決め、職業ごとの島に各グループからひとりずつ集まり、そこで資料を使って調べた内容をグループに持ち帰り、その職業のエキスパートとしてグループに伝えるという役割を担わせます。各エキスパートからの報告を聞き、グループで話し合って、どの職業にするかを決定するという行程で進めます。

　グループ発表の際には、必ずひとり一回は発話することを徹底し、あとは自由にグループの特徴を出して、オリジナルの時間割の発表を行います。1人ひとりが活躍できるような発表になるよう、対話を促し、役割分担をさせたいですね。クイズ形式で行う場合には、スペシャルゲストティーチャーのヒント等で、クイズが盛り上がる仕掛けを工夫させるのも良いでしょう。

Question 24

どのような指導をすれば、
チャンツをうまく
取り入れられますか？

Answer

　チャンツは英語らしい強弱のリズムと発音を体感させるのに優れていますが、初めから文の単位で行うと子どもにとって辛いものになります。まずは短い時間（5分くらい）で、言語材料の単語やフレーズを対象に行うと良いでしょう。同じスピードで繰り返すと子どもは飽きてしまうので、少しずつスピードを早めたり、時々スピードを変えたり、ジェスチャーをつけたりして変化をつけることをお勧めします。言語材料が増え、文単位でチャンツを行うなら、ペアやグループを作ってゲーム感覚で行うことも考えられます。リズムに合わせ手や机をたたくグループも含め、担当する役割やフレーズを決めて、みんなで英語のリズムを楽しむような雰囲気が出せると良いでしょう。

# 解 説

チャンツの指導例

〈アイデア1：この部分だけは頑張ろう！〉

　チャンツの中には文が長かったり、スピードが速すぎたりするものもあります。その場合、1回の指導で全部の文を言わせようとすると、チャンツが辛いものになってしまいます。特に、英語の音に慣れていない子どもにとっては、戸惑いが募るばかりです。グループ（班や列など）で担当のフレーズを決め、「全部言えなくても担当の部分だけは言えるようにしよう」などと励ましましょう。グループ内で、担当するフレーズを練習する時間を短時間設けても良いと思います。グループごとに担当するフレーズの練習ができたら、担当部分を変える、男女掛け合いでする、量を増やすなど、工夫しながら短い時間（5分くらい）であっても構いませんので、複数回にわたり練習しましょう。

〈アイデア2：チャンツで一体感〉

　時には教材を使わず、自分たちでリズムを取り、チャンツを練習してみましょう。

活動例：

①子どもたちを「リード」班（先に言う係）、「リピート」班（繰り返しのところを言う係）、「パーカッション」班の3グループに分ける。

②リピート班はリード班より負担が軽いので、チャンツの内容に沿ったジェスチャーをつけながらリピートするように指示する。

③パーカッション班には「英語は使わないけれど、リズムが崩れたらリー

ド班やリピート班の人が言いにくくなるから、息を合わせてリズムを
とってね。すごく大切な役割だよ。」と激励する。

④グループ内で5分程度練習をした後、全員そろってチャンツを行う。

⑤パートを変えながら、最終的に、全員が全部のパートを練習する。

1つのグループが手を抜くとチャンツがずれてしまうので、皆とても集
中して頑張ります。リピート班のジェスチャーも、どんなユニークなもの
が出てくるかワクワクしますね。短いチャンツでも、まるで1つのミュー
ジカルを仕上げるような達成感を味わえるのではないでしょうか。不思議
な事に、リズムに乗っている時の子どもたちは、英語の発音やイントネー
ションがとても上手です。子どもの力ってすごいですね！

チャンツに頼りすぎるのも考えもの

英語の表現をリズムに乗せたチャンツなら言えても、普通の会話の中で
はうまく言えないとしたら、もったいない話です。チャンツで慣れ親しん
だ表現は、授業の中で活用することが大切です。先生が英語の表現を積極
的に使って聞かせたり、活動の中で子どもたちに使わせたりすることを忘
れないようにしましょう。

目的は、「英語らしいリズムと発音」を体感すること

英語の指導にチャンツを取り入れる目的は、英語の特徴的なリズムやイ
ントネーションを体得し、単語の発音や文章の発話の仕方を子どもたちに
体感させることです。

ただし、必要以上にチャンツを繰り返したり、「チャンツでやった単語
だから覚えているはずだ」などと定着を期待しすぎたりしては、「英語ら
しいリズムと音を体感する」というチャンツの本来の目的から逸脱してし

まいます。「日本語と違うリズムと音に楽しく出会おう」くらいのつもりで、授業に取り入れていくと良いでしょう。先生も一緒に声を出し、「このチャンツ難しいね」とか「全部スラスラ言えたら気持ちよかった」など教室で話をする事で、子どもたちのチャンツへの不安感を和らげたり、学習へのモチベーションを高めたりすることができると思います。

Question 25

授業の中で日本語を使う？ 使わない？

Answer

　授業が必ずしもオール・イングリッシュである必要はありませんし、小学校外国語教育の目的を達成するためであれば、日本語は適宜使用されるべきです。ただし、授業全体で英語の使用率が少なくならないよう気をつけましょう。

　学年によっても対応は変わってきますが、英語に慣れ親しませたり、英語で内容を予想させたりする活動であれば、英語をできるだけ使い、深い思考をさせたり、理解の確認をしたりする際は適宜日本語を使うなど、目的と状況に応じて判断しましょう。

解　説

「オール・イングリッシュ」の授業にすること自体が目的ではない

　英語に堪能な先生なら、授業をオール・イングリッシュで行うことはそれほど難しいことではないでしょうが、圧倒的多数のそうでない先生にとっては相当ハードルが高いものです。また、授業で使う言葉を英語だけと限定してしまうのは、子どもたちにとっても理解のハードルを無闇に高めてしまうことになりかねません。目指すべきは、教師が授業をオール・イングリッシュでできるようにすることではなく、子どもたちに「英語でも意味がわかった！」という体験を積ませてあげることです。その目的を達成するために、適宜日本語を使ったり、ジェスチャーや実物提示などの非言語手段を使ったりすることは、全く問題はありません。

状況に応じた母語の使用は、否定されるものではない

　子どもたちは、小学校入学の時点で既に日常生活を不自由なく過ごせる程度の日本語話者になっており、思考する時の言語は他ならぬ日本語です。逆に言えば、たとえ使ったり理解したりできる英語のレベルは低くても、日本語での思考のレベルは十分高いのです。ましてや、高学年となれば、大人と同様の思考ができるようになっています。

　日本のような日常で英語に接することが少ない環境では、英語のインプット量を増やすためにできるだけ英語を使用するのが良いと考えがちです。小学校であれ中等教育であれ、外国語教育は言語の知識・技能だけでなく、思考力・判断力・表現力や、学びに向かう人間性など、様々な資

質・能力の育成が意図されていなければなりません。従って、英語を用いた活動を通して得た情報をもとに、深い思考をさせるなど、状況に応じて母語である日本語も用いて然るべきでしょう。

第二言語習得という分野の最近の研究では、母語を用いた方が目標言語の習得は速いという考え方が支持されています。外国語学習において、母語の使用は決して否定されるものではなくなってきているのです。ただし、45分の授業時間のうち、40分が日本語で英語の使用は5分しかないというのでは、外国語の授業としては不十分と言えます。オール・イングリッシュである必要はありませんが、クラスルーム・イングリッシュは積極的に使うようにしたり、「今日は、この部分は英語でしっかり言おう」と決めて、英語で言うようにしたりすることを心がけましょう。

学年によって、日本語の使い方や頻度は変わる

低学年は、英語に対する抵抗感は少ないものです。歌やチャンツ、ゲームなどを通してたくさんの英語に慣れ親しませましょう。できるだけ短くてわかりやすい英語を選んで聞かせるのがコツです。低学年の子どもは話を予想しながら聞く柔軟性がとても高いので、理解のヒントとなる手立て（実物やジェスチャーなど）を積極的に活用して、子どもたちに「英語を聞いて理解する経験」をたくさん積ませてあげましょう。

中学年以上になると、聞いた英語の意味をきちんと確認したいという気持ちが強くなったり、歌やゲームなどだけでは知的好奇心が満たされなくなったりします。日本語を使って安心感を確保したり、説明の時間を短縮したりしながら、その分、英語を用いた活動時間をたっぷり取るようにしましょう。また、英語のレベルに合わせて内容のレベルも下げてしまうのではなく、高学年の知的好奇心を満たすような内容にすることを心がけましょう。活動の目的が、深い思考や気づきを求めることなのか、英語への慣れ親しみを優先させることなのかを見極めましょう。

Question 26

発音をカタカナで書くのは、指導上「好ましい」か「好ましくない」か？

Answer

　「好ましい」か「好ましくない」かは、その目的によります。「子どもがわからないだろう」と教師がお節介でカタカナを振っているなら、好ましくありません。子どもは、大人より柔軟に英語の音を聞き分け、真似ることができます。それなのに教師が初めからカタカナ書きをしてしまい、子どもの音を聞き取る力を損ねてしまうのは大変もったいないことです。カタカナを振ることよりも、繰り返し英語の音を聞かせることを意識してください。一方で、英語をスムーズに読ませるためのガイドとして利用する場合や、音の認識に困難を示す子どもたちがいる場合などは、上記の点に配慮しつつ、カタカナの表記を工夫して用いることも有効でしょう。

解説

一般的には、「好ましくない」

まず、英語と日本語では音の数にかなりの差があります。日本語は音の種類が少ないため、日本語で英語の音を厳密に正しく書き表すことはできません（la や ra をカタカナで表そうとすると、両方「ラ」になってしまいます）。

さらに、日本語の発音は "n"（ん）の音以外は全て「子音＋母音」で成り立っていますが、英語には「無母音声」という子音だけで作られる音があります。例えば、"cry" のような子音の連続する単語の発音では、日本語とは発音の構造が異なります。従って、日本語であるカタカナで英語を表すと、英語ではなく日本語の音となってしまうため、正確に英語の音を書き表すことができなくなってしまいます。

読む際のガイドとしてカタカナを利用する

単語ごとにカタカナで書き、それを読もうとすると英語らしい音にはならないことは上述した通りです。しかし、文を読む場合、多くの子どもたちは単語を 1 語 1 語読もうとします。何度も音声に親しんでから読ませても、なかなかスムーズに読めない子どももいます。そのような場合には、聞いた音声を思い出させるガイドとして、カタカナを利用することが考えられます。特に、フレーズやイディオムを固まりとして捉え、2 つの単語が連結して発音が変わるところ（linking リンキング）にカタカナを振ることは、聞いた音声を思い出させる効果があります。例えば、"get up"

と書かれていると「ゲット　アップ」と読んでしまうことがあるので、「ゲラップ」などと工夫して、カタカナを振っておきます。

外来語になっている単語にカタカナを振っておく

　新出語が外来語であったり、日常的にカタカナで表されている単語なら、日本語とは違った英語の強弱のリズムがわかるようにつけておくと良いでしょう。例えば、violin なら「バイオリン」と表記すると英語を聞いた時にわからなかったり、発音しても通じない恐れがあるので、「ヴィァリン」などとします。たとえ /v/ の音が出せなくても、強勢をしっかりつけられれば英語として理解されます。

「好ましい」か「好ましくない」かが論点ではない

　子どもたちが何とかして英語の発音をしようとして、発音に近いと思われるカタカナを用いて、英語の音を書き表そうとしていることは評価に値することです。自分なりに方法を考えて、不安要素をそれでカバーしようとしているのですから。「カタカナを書くことは好ましい」「好ましくない」かの議論に終始するのではなく、カタカナを振る行為が、今後その子どもの英語の音への気づきや、読み書き習得への一過程になるのかどうか、そこを見極める目を教師が持ち、指導していくことが大切です。

Question 27

子どもたちが45分の授業に集中し、楽しみながら学ぶためには、どのようなことに注意して授業を構成するべきでしょうか？

Answer

　45分を1つの活動で通すと長過ぎます。子どもたちは集中力が持ちません。授業全体を3つないし4つのパーツに分けて考えましょう。そうすると、1つのパーツの時間はおよそ10〜15分程度ということになります。挨拶、簡単な会話、絵本の読み聞かせ、歌やチャンツなどの活動を複数組み合わせて、45分を構成すると良いでしょう。ただし、それぞれの活動を毎回同じ順番で進めると、子どもたちは飽きてしまうので、順番を入れ替えたり、違う活動をつけ加えたりして変化をつけるようにしましょう。

解　説

授業にメリハリを！

　小学生の集中力は長く続かないものですが、「知りたい」「使ってみたい」という気持ちがあると、今度は「ハイ、止め！」と言っても止めなくなるほど集中します。まずは、他の授業でも同じですが、導入の部分が一番大切な時間です。語彙やフレーズを練習するときは、長い時間で一度に行うよりも、短い時間で何度も行った方が授業のメリハリが出てテンポが良くなります。1つの練習は短く3分程度に収め、声の大きさを変えたり、ペアやグループを変えたり、座ったり立ったり、体を動かしながら言ってみたりと、授業の中で形を変えることにより、「練習させられている」という感覚は薄れます。

知的な活動でヤル気を起こす！

　また、目標表現を言わせるための練習を押しつけられると、特に高学年の子どもはヤル気をなくしてしまいがちです。それよりも、高学年には英語は難しくなくても、ちょっと頭を使わないといけないような知的レベルの高い活動を与え、「英語ができた」というよりも、「英語でもできた」と手応えを感じさせるようにすると良いでしょう。*We Can!* で語彙や表現、文字、リスニングなどの学習をした後、単元のトピックを発展させた知的レベルの高い活動を加える事で、高学年の興味・関心を引き出し、45分の授業に集中させる事ができます。活動の一例を紹介します。

【活動例1：カテゴリー分け】

　これは20分程度でできる子どもたちが大好きな活動です。

　「"What do you want to be?"（将来なりたい職業は？）」の単元を例にとって説明します。

①職業名を練習する。

②グループに分かれて、自由に職業をカテゴリー分けする。

③グループごとに教室の前に出て、職業名を英語で言い "What kind of jobs?" とクイズを出す。

　②では、「制服を着る／病院関係／食べ物関係／乗り物関係／人を救う／人と接する／人を楽しませる／公務員／お金がもうかりそうな／外でする／危険な／水を使う／頭が良くないとできない／お腹が減りそうな」など、大人の発想を超えるユニークな答えが出てくると思います。カテゴリー分けの活動は、食べ物、町の施設、スポーツ、国、動物など多くの語彙が出てくる単元で同様に使え、時間の調整ができるので、45分の授業に組み込みやすいアクティビティです。

【活動例2：テーマを決める】

　【活動例1】のような活動に慣れてきたら、各単元に関連したトピックで授業を深めていくのはどうでしょう？　例えば、「町の施設紹介」の単元では、施設名を練習した後、住み易い町にするために自分にとってはどんな施設が必要か考え、町のイラストを描きます。*We Can!* に載っていない施設名は和英辞典で調べて書き込み、"This is my town. Bookstore, park, stadium, castle, airport, etc. I love my town." のように発表します。次の時間にはお年寄り、子ども、外国から来た人、身体が不自由な人など、誰にとっても住み易い町には何が必要かをグループで考え、We need a park（healthcenter, community center, barrier-free street, etc）などと発表します。

これらのアクティビティには協同学習が多く取り入れられており、子どもたちは英語に対する不安感や苦手意識を感じずに取り組むことができます。難しい英語を使う必要はありません。自分で調べた事やみんなで考えた事を、簡単な英語で言えたという嬉しさを味わえるような授業にしましょう。子どもたちの英語学習への意欲を高め、授業を活気のあるものにするこれらの活動を、45分の授業の中に是非取り入れてみてください。

Question 28

自身の英会話能力が低いため ALT と会話がうまくできず、言っていることもあまり理解できません。どうしたら良いでしょうか？

Answer

　まずは、先生ご自身が英語を聞いたり話したりする基礎力をつける訓練が必要でしょう。難しいことをやる必要はありません。中学レベルの英語でかなりの会話は可能です。1日10分でも20分でも時間を決めて、毎日継続してください。もちろん、ALT との会話は英語を使う良い経験になるので、その機会を大いに活用することです。ALT の言っていることがわからなければ、"Excuse me?" とか "Could you say it again?" などと言って繰り返してもらいます。一方、英語を話すスピードが速過ぎる、単語の意味がわからない、などの場合は、"Sorry, but I can't follow you. Would you speak more slowly?"、"What does ... mean?" などと言えば良いでしょう。そ

れでもわからない場合は、書いてもらいましょう。ポイントは、臆せず積極的にコミュニケーションをとろうとする態度が肝心です。その態度があれば、ALT も快く応じてくれるはずです。

解　説

先生の英会話能力の向上は日頃の練習から

　先生自身の英会話能力の向上には、話したり聞いたりする機会を増やすことが一番です。まずは易しい英語の本の音読や、ラジオ英会話を聞くことも良いでしょう。また、中学校の教科書を入手して、意味を理解してから本文を 30 回ほど読む練習は 10 分ほどでできます。それらを 3 か月続けられれば、ある程度英語力に自信が持てるようになります。相手のある会話は「オンライン英会話」と検索すれば、多様なレッスンを提供する色々なサイトが出てきます。比較的安価で、好きな時間に自宅でできるため、お勧めです。練習と準備は裏切りません。また、ALT とは気軽に挨拶することから始めましょう。"How are you doing?" "What's new today?" などと、日頃から声をかける、"Don't you have any problems?" "Anything I can help you with?" "*Daijobu desuka?*" など、時々日本語混じりでも構いませんので、気にかけている様子を示しましょう。この積み重ねで英会話力は伸びていきます。

尋ねることを躊躇しない

　授業についての ALT との会話は、言って欲しいことや希望することを、事前に授業案にメモしておくと良いでしょう。そして、ALT には授業ではできるだけゆっくり話してもらうように前もって伝えておきます。子どもたちには「先生も英語を勉強しているから、一緒に先生と勉強していこう」と伝えます。そして話している最中に理解できない点がでてきたら、すぐに相手に尋ねたり、聞き返したりすることが重要です。聞き返しを先生がすることで、子どもたちも英語がわからない時にどう聞けば良いのか、お手本を見て学ぶことができます。遠慮して何も言わないと、相手は理解していると思って先にどんどん進めてしまいます。特に活動内容についてはしっかり理解しておく必要がありますので、ためらわず積極的に確認するようにしましょう。尋ね方には "Again, please." "Can you say it one more time, please." などもあります。

コミュニケーションによる関係性の構築

　授業以外でも ALT とは積極的に話す機会を設けることで、まず話すこと自体に慣れていくことができます。さらに、授業以外の多様な話題、例えば、相手との文化の違いについてなども話し合うことで、習慣や考え方を知ることができます。そのことは、お互いを理解するのに非常に大切な要素にもなります。そして、クラスの子どもたちの指導上の注意点などについての情報を共有することができれば、授業運営もうまくいくようになります。

　また、できたら簡単な日本語を理解してもらうように ALT にもお願いしたらどうでしょう。コミュニケーションは、お互いに話す相手への尊重と、共有したいと思う気持ちがあって初めて成り立ちます。ALT が相手のことを考えず、自分の話し方のペースを崩さない場合は、コミュニケー

ションを取ろうとする姿勢が欠けていると言えます。お互いに理解し合おうという気持ちがあれば、少しずつ理解し合えるようになるものです。ALT も日本語を学べば、外国語を習得することの難しさや大変さを理解するでしょう。そして、そのような体験は、外国語を学ぼうとする子どもたちの気持ちを理解することに役立つでしょう。

Question 29

教室英語を使う時、とっさに英語が出ず単語だけだったり、この言い方であっているのか不安になったりしながら指示を出しています。「わかった人、raise your hand」のように日本語が混じってしまいます。いいのでしょうか？

Answer

　大丈夫！　自信を持って教室英語を使ってください。授業を良くしたい気持ちは必ず子どもたちに伝わります。とっさの場合の対応には、誰でも、どんな時でも不安が伴うものです。単語だけでも、子どもたちに通じますよね？　教室英語で大事なことの1つは、「通じること」です。日本語と英語が入り混じってしまっても問題ありません。英語を使っていますし、通じますから。

　不安になることもあるでしょうが、英語の母語話者でないなら当たり前です。不安があっても、子どもたちの前では堂々と英語を使う態度が大切です。授業が終わった後、その教室英語が適切だったかどうかを調べ、もし違っていたら、次回から適切な表現を使っていけば良

いのです。こうした試みを繰り返して、いずれは教室英語を上手に使い分けていけるようになります。決して焦ることはありません。子どもたちが英語を頑張っているように、教室英語も一歩ずつ、着実に力をつけていけば良いのです。

解　説

教室英語は何のため？

　教室英語とは「授業内で用いる、適切な英語表現（指示やコメントなど）」です。それでは、なぜ教室英語を使用するのでしょうか？　以下に主な理由を挙げます。これらの理由から、英語を躊躇なく使うこと、「通じる」ことが大事、自信を持って堂々と英語を使う態度が大切であることが納得できると思います。

①英語の授業の雰囲気づくり

　小学校では、外国語の授業以外は全て日本語の環境です。ですから、「この授業は（他の授業とは違って）英語を使う時間なんだ」という雰囲気づくりが、英語への慣れ親しみのためにはもちろん、「日本語モード」から「英語モード」へ子どもたちの思考を切り替えるためにも、とても大切になります。

②英語を聞く環境づくり

　教師が教室英語を用いることで、子どもたちは英語を使う気持ちが無意識に強くなり、英語に集中して耳を傾けるようになります。例えば、指示語は次の行動のために必要ですし、褒め言葉はすすんで聞きたくなるものです。また、教室英語を聞く積み重ねにより、英語を自ら聞こうとする態度が育まれます。

③英語を話す環境づくり

　たくさんの英語が耳から入り（インプット）、指導者が自然に積極的に英語を使っていると、子どももすすんで英語を話したい（アウトプット）気持ちになります。

④英語を通したコミュニケーションを実感・体験でき、自信に繋がる

　英語を英語のまま聞いて「わかった！」体験、また、指導者と自分が英語でコミュニケーションをしている実感は、大きな自信や、言葉の学びの達成感に繋がります。

⑤英語を使う意欲を高める

　英語を使う生きた体験は、教師にとっても子どもにとっても、自信と達成感に繋がります。また、教師が自ら英語を使う姿は子どもに安心感を与え、英語を使いたい気持ちやもっと学びたいという学習意欲を高めます。

英語は国際共通語。完璧な英語より、通じる英語を

　教室英語のポイントは 3S ＝ Short（短く）＋ Simple（わかりやすく、端的に）＋ Smile（笑顔）です。英語は世界を繋ぐ、コミュニケーションのための道具でもありますから、これら 3S はとても大切なポイントです。完璧な体裁の文で答えようとするよりも、むしろ 1〜3 語以内の、短くて理解し易い教室英語を使う方が効果的です。子どもたちにとっても指導者にとっても、わかり易く使い易い教室英語を「笑顔で」活用していきましょう。

Question 30

教師が知らないわからない英語を、
「英語で何と言うの？」と聞かれたら
どうしたら良いでしょうか？

Answer

　先生にも知らないことがあって当然で、それを恥じることはありません。「調べておくね」、あるいは「一緒に調べよう」という姿勢を見せることが、子どもたちにとって良い「学習者のモデル」となることでしょう。

解　説

教師にも、知らないことがあって当然

　子どもたちは、「教師は何でも知っている」と思い込んでいたり、教師側も「そうあらねばならない」と肩肘を張ってしまったりしがちですが、本来、教師であっても知らないことがあって当然です。質問されたら、逆に「先生に新しい英語を知る機会をくれて、ありがとう！」とお礼を言うくらい、堂々としていましょう。

「わからないことがあった時、どうするべきか」の手本を示す

　「それは先生も知らないな。ちょっと待ってて、調べてみるね」と棚から和英辞典を取り出して、調べる姿を見せてあげましょう。そして教室の壁に英単語の木を作っておき、そこに調べた単語を貼りましょう。そういう教師の姿勢を見た子どもたちは、

花の木

　「先生でもわからないことがある」
　「知らないことがあるのは、別に恥ずかしいことじゃない」
　「先生は質問したことに、一生懸命答えようとしてくれている」
　「わからないことは、こうやって辞書で調べればわかる」
　「調べたことは紙に書いておくんだ」

など、様々なことを読み取るでしょう。教師が未知の英語に堂々と立ち向かう姿こそ、子どもたちにとって最高の「学習者のモデル」となるはずです。調べ終わったら、その内容を教えてあげたり、その成果をまた次の授業に活かしたりして、子どもたちに還元しましょう。そして、

　「英語ではこんな言い方するんだね。先生、知らなかったよ」
　「知らないことを知るということは、楽しいね」
　「いやぁ、言葉の世界って奥が深いよね」
　「今度は一緒に調べよう」

などと、「外国語を学ぶことの楽しさ」を事あるごとに伝えていくと、子どもたちは自分たちで調べることへの抵抗感が薄れ、むしろ安心して楽しめるようになるでしょう。

英単語の木

Question 31

子どもが間違って "play skate" などと言いますが、どう指導すれば良いでしょうか？

Answer

　スポーツ全般を play で表現するのは、日本人の英語学習者の発達途中によく観察される現象ですので、基本的に気にしなくていいと思います。子どもが "I play skate every Sunday." などと言った場合は、そっと "Oh, you skate every Sunday!" と言い直してあげるだけで良いでしょう。英語に触れているうちに、play ですべてのスポーツを表す使い方はしなくなります。play が使えるのは「球技」（バドミントンを含む）だけですが、初めからこのような説明をしても、子どもたちにはピンときませんし、細かく直されると、学ぶ意欲を削ぐことになりかねません。

　スポーツに関する英語を指導する際には、競技名だけでなく、play

tennis, play badminton, swim, ski, skate, snowboard, do ka-rate, do wrestling というように動詞＋名詞（競技名）も取り入れた絵カードを用いたり、実際にそのスポーツ競技のように身体を動かしたりして、play という動詞と結びつく語のイメージを伝えるようにしましょう。絵カードで導入後、「あれ？ play って、どんな時に使うのかな？」と、逆に子どもたちに考えさせてみるのも良いと思います。また別の語彙導入の指導例として、1 週目には play で表現する語のみを扱ってその共通点から play の使い方に気づかせます。2 週目には新しく加える語彙に、play を使うもの、使わないものを混ぜてクイズにして理解させる方法があります。

解　説

play の主な意味と使い方

・「遊ぶ」

　"Let's go out and play!"「お外に出て遊ぼうよ！」というように子どもの会話によく出てきます。play house は「ままごと遊びをする」の意味です。何か感じられませんか？　そうです。子どもっぽい印象ですね。「遊ぶ」という意味の play は "子ども限定" なのです。ティーンエイジャー以上は、（友だちと）「遊ぶ」の意味ではあまり play を使いませ

ん。代わりに、hang out（ブラブラする）と言ったり、どんなゲームをするとか、買い物に行くとかの、具体的な行動で表現したりします。

・「(球技) をする」

Answer で説明したように、無冠詞で（a も the もつけずに）球技をする場合のみに用います。ただし、ボウリングは、×play bowling とは言いません。ski, skate と同様に、動詞の bowl を使います。My brother bowls every weekend.「僕のお兄ちゃんは毎週末ボウリングするよ」のように言います。

・「(楽器) を演奏する」

球技の場合と異なり、楽器の前に定冠詞を用いて play the piano（ピアノを弾く）、play the violin（バイオリンを弾く）のように使います。

・「(ゲームなど) をする」

子どもたちが大好きな「テレビゲームをする」を英語では play a video game と言います（TV game ではなくて、video game です）。「携帯電話のゲームをする」は play a game on a cell-phone と言います。「将棋をする」「囲碁をする」は、それぞれ play shogi, play go と表現されます。ちなみに、日本語では「トランプをする」と言いますが、そのまま×play trump とは言わず、play cards と表現します。

・「(役) を演じる」

「太郎君、桃太郎の役を演じてね」なら、"Taro, you play the part of Momotaro." となります。

Question 32

a と the の違いや、つけ方を
子どもたちに聞かれて、
わからなかったのですが！

Answer

　a(an) と the の区別は難しいですよね。小学生には、1つの数えられるものを最初に言う場合には a（または an）をつけ、2回目以降同じもの（すでに決まっているもの）を言う場合には the をつける、という程度でいいかもしれません。

　冠詞は、英語が得意な人でも上手に使い分けるのは難しいのです。私たち日本人が、「私'は'英語の先生です」「私'が'英語の先生です」や、「学校'に'行く」「学校'へ'行く」というように、「てにをは」を自然と使い分けるような感覚で、英語圏の人は、a(an)＋名詞（単数形）、the＋名詞（単数形、複数形）、単数形で無冠詞の名詞、複数形で無冠詞の名詞、以上4種類を使い分けます。同じ単語でもそれぞ

れの用法によって意味が違ってきますが、日本人にとっては感覚で理解することが難しいのは当然です。冠詞を気にしながら話そうとすると大変ですので、先ずは『習うより、慣れろ』をモットーに、臆せず、英語を使うよう指導することが大切でしょう。

解　説

「ニワトリ」か「とり肉」か?

　車でドライブ中、道の上に何か横たわっているものが見えました。"What did you see?"「何か見た?」と聞かれて、「ニワトリを見た!」と答える時は、どれが正しいでしょうか?

　1. I saw a chicken!　2. I saw the chicken!　3. I saw chicken!

　実は、それぞれ意味が異なる「ニワトリを見た!」となり、全て正解なのです。

　1. の I saw a chicken! という答えの場合、I saw…a(ぼくは見たんだ…なんか1匹の…えっとニワトリは chicken でよかったっけ?　今のは、オンドリか、メンドリかはっきりしないなぁ、とりあえず chicken だよな)I saw a chicken! となり、(何か1つ物体が見えたぞ、あ、ニワトリだ)というように、どこにでもいるニワトリが1羽であれば a をつけます。

2. の I saw the chicken! と答えた場合、I saw the…（わ！　あれじゃないか、あの物体は、あの…お隣さんの飼っているニワトリだよ！）I saw the chicken! となり、質問した人と答えた人がお互いに知っている「例の、あのニワトリが見えた」となります。初めてその単語が出てくる場合でも、このように共通認識がある場合は、いきなり the と言うのです。

3. の I saw chicken! という答えの場合は、I saw…（ん？　何か見えたぞ、わぁ、とり肉が道に落ちてるよ！）I saw chicken! となります。

どれも状況に応じては正しい英語ですが、意味が全く違いますね。つまり英語では、a chicken と、the chicken と、chicken が、異なる3つの単語となり、内容が変わってきます。

名詞：数えられるか、数えられないか
——『赤ずきん』のセリフから——

　お母さんが赤ずきんちゃんに言いました。"Take this basket of bread and butter and a bottle of wine to your grandmother." 「パンとバターとワインひと瓶の入ったかごを、おばあちゃんに持っていってちょうだい」。この文の中で名詞は basket（バスケット）, bread（パン）, butter（バター）, bottle（ビン）, wine（ワイン）, grandmother（おばあちゃん）です。bread と butter と wine には何もついていません。パンは切っても切ってもパンで、パン屑になってもパンですね。バターとワインも、ひとかけらになろうが、1滴になろうが、中身に変わりはありません。逆からいうと、定まった形が無いのです。これらのように決まった形がイメージできないもの、water（水）, sugar（砂糖）, information（情報）, homework（宿題）などが数えられない（不可算）名詞です。これに対して、数えられる（可算）名詞は、形がはっきりしていてイメージできるので、1つ、2つと数えられます。ここでは basket, bottle, grandmother が可算名詞なので、それぞれ this, a, your が先にありますね。a(an) がついた名詞と、複数形の名詞は、具体的に形がイメージできる可算名詞です。オオカミが赤ずきんちゃんを騙そうとして言いますよね。"Does your grandmother like flowers?" 「おばあちゃんはお花が好きなんだろ？」。Like の後ろの名詞が無冠詞で複数形になるということは、形がはっきりしていて、数えられ、かつ、1つだけ好きなわけではなく、決まった特定の花というわけでもないので、flowers となるわけです。

Question 33

下手な発音で指導すると かえってマイナスの効果が でてしまうのではと心配です！

Answer

　発音の良し悪しよりも、教師が自分の発音を恥じる態度を示してしまうことが、教育上大きなマイナスになると言えます。ネイティブ・スピーカー（英語母語話者）のようではないけれど、ちゃんと相手に伝わるように、丁寧に一生懸命英語を話す姿こそ、子どもたちが真似したくなるお手本になります。

解　説

教師が自分の発音で英語を堂々と使いこなす姿を示す

　これからの英語教育では、「国際共通語としての英語（English as a linga franca: ELF）」の話者を育てることが求められます。ELF は言語的・文化的背景の異なる人々が交流する際のツールとして使われている英語で、英語母語話者並みの発音は求められてはいません。話者の出身国や地域の言語的な特徴が反映されますが、お互いにわかり合える発音であれば良いのです。従って、私たち日本人の英語の発音が日本語的であっても、恥じる必要は全くありません。むしろ、教師が胸を張って自分の発音で英語を使っている姿を子どもたちに示しましょう。

発音のポイントを押さえて授業に ICT 教材を積極的に活用する

　ELF では誰にでも通じる発音をすることが基本です。特に決まったルールはありませんが、ポイントは次の３点です。最も大切なのは強勢（ストレス、または、アクセント）でしょう。日本語の音韻特徴は高・低ですが、英語は強・弱のリズムです。大事なところや自分の意図するところは強く言う、逆に、リスニングでは強まっているところは大事だ、ということを授業でも明示的に教えることを勧めます。２点目は、単語の先頭に来る /p/, /t/, /k/ の破裂音で、しっかり発音することが必要です。３点目は、'seat' や 'sit' などの長母音と短母音の区別をしないと意味が異なってしまいます。'bird' を「バード」と発音すると 'bad' と、'curtain' を「カーテン」と言うと 'carton' と間違えられるなどの、あいまい母音の区

別があると言われています。以上の３つの観点を押さえて、少なくとも授業で扱う単語や表現だけでも事前にICT教材を利用して音声を聞いたり、発音記号を調べたりして練習しておけば、十分対応できます。

　文部科学省作成のデジタル教材やオンライン教材（外国語教材の指導書のQRコードから視聴可能です）には、英語の音声が豊富に収録されています。また、デジタル教材に収録されている歌やチャンツ、読み聞かせなどの視聴覚教材を繰り返し視聴し、声に出す活動を行うことで、子どもたちも英語の強弱のリズムやイントネーション、破裂音や長母音・短母音の区別、あいまい母音などを体感することができます。

子どもたちと一緒に音声に慣れ親しむ

　「教師は教える立場」と頑なになっていませんか？　英語は、多くの日本人にとって異言語であり、それは教師も同じはずです。「先生も一緒に学んでいるのだ」というスタンスで、学習者のロールモデルを演じて見せるのも立派な指導です。子どもたちがICT教材に合わせて歌ったり、聞いたり、声に出しているときに、先生も一緒に声に出してみましょう。先生が一緒に活動することは、子どもたちの学習のモチベーションを高めます。また、一緒に声に出すことで、教師自身も英語を言ったり聞いたりする感覚が身につきます。毎時間英語を声に出していると、子どもたちの前で英語を使う抵抗感も薄れていくはずです。発音の良し悪しより、子どもたちとの英語を介した関わりが楽しめるようになると思います。

発音よりも、大切なことがある

　ある小学校でベテランの先生が英語のお話の読み聞かせをされていたのを参観したことがあります。その先生は英語の発音に自信が無いとおっしゃっていましたが、子どもたちは先生の英語での読み聞かせに身を乗り

出して聞いていました。音声教材のような英語でなくても、先生の口から語られる内容に興味を持って耳を傾けていたのです。英語の発音の良し悪しが重要ではないことを示す事例だと思います。

Question 34
ALT の発言の度に子どもたちが
『何と言ったの』と聞いてきます。
どこまで訳せば英語を
わかってもらえるのでしょうか？

Answer

　英語の授業では、ALT が言った英語を理解させることが目的ではありません。ALT が表現したいことを理解するための方法を教えることが重要です。ALT が理解できない英語を話したら、それは子どもたちの英語習得にとって、ほぼ意味を持ちませんし、それを訳しても意味を持ちません。例えば、ALT が It takes 12 hours to come from my country to Japan by plane. と話した時、それを教師が訳したら、ALT の先生について知ることはできますが、英語の習得にはつながりません。子どもが自分の力で、教師の訳を必要とせずにコミュニケーションをとれる方法を教えることが大切です。

解　説

訳さないで授業を行うためのヒント

① 打ち合わせの時間がきちんと取れる場合：

　ALT が言語的に難しいことを話さないように事前の打ち合わせで取り決めておきましょう。小学校の外国語の授業に雇われているので、彼らにとってもどのように話せば子どもたちが理解するかを知っておくことも重要です。ジェスチャーや絵と地図などの視聴覚教材を使うと、子どもたちは ALT の言いたいことを理解し易くなる場合が多くなります。ALT が "It takes 12 hours to come from my country to Japan by plane." などと言っても、その ALT がアメリカ出身だったら、アメリカと日本がわかる地図を広げ（または、黒板に書いて）、手を広げ「ブーン」と言って飛行機になり、算数教具の時計の長針を 1 回回しながら、one hour, two hours, three hours…と 12 回回して 12 hours と示せば、ほとんどの子どもは ALT の出身国から飛行機で 12 時間なんだと理解します。このように、英語を理解させるのではなく、ALT が表現したいことを理解させるのは、時間さえあれば準備できることが多いでしょう。

② ALT が言ったことを子どもたちがわからなさそうな顔をした場合：

　繰り返しと、言い換えを使いましょう。例えば、"I'm interested in reading books." と言った場合、ゆっくり、"Oh, you're interested in reading books." と繰り返します。ゆっくり言って納得する子どもが多ければここでやめておきます。まだ納得していない顔が多ければ、"Oh, you like books?" と本を取り上げ、読むふりをします。これでほとんど

の子どもは「この人は本を読むのが好きなんだなと」理解します。ALT が言った言葉を、先生がゆっくり繰り返す、そして、言い換える方法でかなり子どもに英語だけでわからせることができます。"Hi, come here, and tell the class about what you want to be in the future." という指示がわからない場合、先生がモデルを示します。ます "Yes." と答えて、子どもの席の方から ALT が here と示したところに行き、クラスの方を向いて、I want to be a comedian. と言って席に帰ります。"Once more." と言って、もう1度同じことを繰り返しますが、今度は声色を変えて、"I want to be a singer." などと言って、なりたい職業を変えてみるのもいいでしょう。このように、ALT が言ったことを繰り返すこととモデルを示すことで、かなり理解させることができます。

③ **何を言っているか先生もわからない場合：**

　ALT に対して担任の先生自身が "Excuse me, say it again please!" などと言って、言い直しや言い換え、スピードの調節などを要求してみせましょう。言い直してもらったり繰り返してもらってもわからない場合は、黒板に言ったことを書いてもらいましょう。それでもわからない場合は、子どもに「ALT の先生が、おっしゃっていることがよくわかりません。ここは飛ばします。次の機会に、何だったか説明します」と言ってスキップしましょう。その時間が終わった後で、きちんと話し合って理解し、次の時間に説明すれば、子どもは理解してくれます。担任の先生が「わからない時は、こうやって確認するのだ」というお手本を示してあげることで、子どもはその姿勢を学ぶのです。「わからないことをわかったふりをしないで、何とかしてわかるように努力する」というのは、お決まりの表現をいくつか覚えることよりも、ずっと価値のあるコミュニケーション能力です。

Question 35

英語活動が導入された頃は、英語表現も含め子どものニーズや興味に合わせて幅広く取り組むことができたのですが、教科化されると幅がどの程度限定されてしまうのでしょうか？

Answer

　限定されると考える必要はありません。教科書はあくまで、外国語科の目標を達成するための教材の1つです。教科書をうまく使って、その目標を目指す授業を行うことが大切です。地域の特徴や、子どもたちのニーズ・興味に沿った授業を考えましょう。目の前の子どもたちに一番合う内容を考えることができるのは、その子どもたちをよく知る担任の先生です。

解　説

教科化されても、目指すべきものは変わらない

　教科化されることで、扱うべき語彙や表現が提示され、さらに限られた時数内での知識・技能の定着を求められるとあって、「自由度が無くなり、窮屈になった」と思われるかもしれません。しかし、ここで原点に立ち返って、小学校の外国語教育で一番大切なものは何か考えてみましょう。

　「英語を勉強すれば生きていくのに有利だから」、という考えに基づく英語のスキル向上のためだけの指導は、視野狭窄と競争を助長するばかりです。柔軟な心を持つ小学生にふさわしい外国語教育とは、外国語（この場合は、英語）を介して、多様なものの見方・考え方ができるようになる素地を身につけることなのではないでしょうか。世界の出来事に興味を持ったり、「自分は世界と繋がっていて、その一員なのだ」と感じたりする経験を通して、日本と諸外国とを公平な視点で比較できるようになることこそ、「グローバル化社会」と言われるこれからの世界を生きる子どもたちに必要な資質・能力だと言えます。そういう視点が無いと、子どもたちは英語が難しいと感じた時に乗り切る意欲が持てなくなってしまいます。

高学年にふさわしい英語教育とは？

　それでは、上記の事を念頭に置きながら、高学年にふさわしい英語教育とはどんなものか考えてみましょう。低学年・中学年は英語の意味がわからなくても聞いた音声をそのまま真似したり、繰り返しを厭わず何回も練

習したり、周囲の目を気にせず、積極的に体を動かしたりして英語の授業を楽しみますが、高学年になると自我が芽生え、大きな声で発音したり、歌を歌ったりする事に抵抗感を示すようになります。また知的欲求が高まり、単純なゲームには飽きてしまって、やりがいや達成感を見いだせないと、授業についてこなくなります。高学年には知的欲求を満たす活動を取り入れましょう。教科書は最低限の知識を与える教材ですが、教科書以外の有益適切な教材の使用は、学校教育法でも推奨されていますので、教科化によって教える幅が限定されると考えずに、子どもの創造力を育むような授業作りをする事が大切です。

　普段よく行う活動を少し工夫するだけで、前述の外国語教育の目標を意識しながら子どもの知的欲求を満たし、子どものニーズや興味に合わせた活動ができます。具体例を少し紹介します。

【授業例①「道案内」】
　道案内の活動で、道に、砂利道・階段・スロープ・車が多い通り・街灯が少ない通り等の設定をし、「お年寄りや子ども、身体の不自由な人、ベビーバギーを押す人などが安全に目的地に着くには、どの道を案内すれば良いか」等のタスクを与えて考えさせてみましょう。go up the slope, busy street, stairs など文脈上必要な表現は、簡単なものならどんどん使わせてみましょう。

【授業例②「買い物ゲーム」】
　時には店と客の数を不均等にしてみましょう。店が多くて客が少ない時はなかなか商品が売れないので、お店担当の子どもたちはお客さんにたくさん来てもらえるように頭をひねります。子どもたちは、「いらっしゃい！」「お安くしますよ！」「いい商品がたくさんあるよ！」って英語でどう言うの？と聞いてきます。逆に、お客さんが多くてお店が少ない時は、なかなか商品が手に入りません。子どもたちは急いでお店に行って "Red shirt, please!" などと大きな声で注文します。ちょっとした経済の縮図

ですね。偶発性を楽しむ授業は生き生きとした英語表現を生み出します。

　これらの活動は参加体験型協同学習で行われるため、人とコミュニケーションを取りながら、自分で、又はチームワークで問題解決していく力なども養えます。特別大がかりな準備をしなくても、発想次第で子どもたちの興味に合わせた授業作りはできますので、アレンジして、いろいろ試してみましょう。

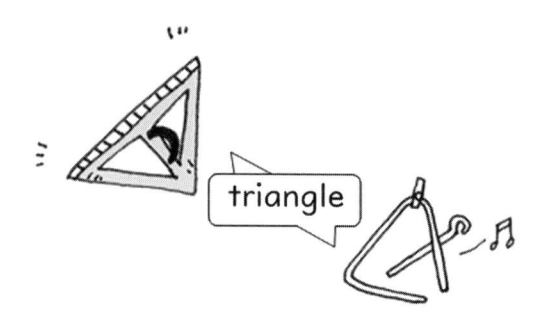

Question 36

なぜ専科で指導しないのでしょうか？
外国語教育の適切な発展のために、
専科は必要不可欠では？

Answer

　専科教員は確かに必要です。しかし、その役割は中学・高校と小学校とは区別する必要があります。小学校では学級担任とのコラボレーションが不可欠です。まだ専門教科に分化しない小学校教育では、学習指導要領でも指摘されているように、他教科での学習や学校行事で扱う内容と関連づけたりしながら、指導を工夫することが求められています。専科教員がこれらの内容を熟知しているなら別ですが、専科だけに特化してしまうと、関連づけて指導するのはなかなか困難です。さらに、子どもたちがコミュニケーションを図りたいと思うような、興味・関心のある題材や活動を設計できるのは、子どもたちのことをよく理解している担任の先生です。以上のように、担任の役割は

とても大きいので、小学校での外国語教育が担任と専科教員とのコラボレーションで進展すれば、中学校以降の外国語教育の適切な発展につながると考えられます。

解　説

自分が伝えたいものを大切にし、人を思いやる心が育つ学習

小学校外国語活動、外国語科は、心を耕す言葉の教育だと考えてはいかがでしょう。心に伝えたいメッセージを持つ、まずそれが無ければコミュニケーション力は育ちません。伝えたいメッセージがあれば、子どもたちは相手にもっと伝わりやすい発音や文構造を身につけたいと思うようになるでしょう。伝える素材、伝えたい思い、相手に関心があるからこそ、未熟な学習者同士でも英語でコミュニケーションを取ろうとするのです。このような観点を担任と専科教員が共有したいものです。

全ての教科を指導している担任だからできる「言葉の教育」

小学校の先生は英語の専門家ではありませんが、小学校教育のエキスパートです。ほぼすべての教科を 1 人で教え、子どもたちが他の教科でどのような学習を積み上げているかを理解しているので、他の既習内容を英

語につなげることが容易にできます。日常の学習内容を英語につなげることで、一見非日常的な外国の文化や言葉が、子どもたちの日常とつながります。国語科との対応や教科を連携させることで、学齢に応じた思考を深めることも可能になります。そして何より大事なのは、英語を身近にすることで「わからない言葉」というハードルが一気に下がります。「安心感」は学習効果を上げるのにとても大事な条件です。ずっと机に顔を伏せていた子どもが、身近なものに授業がつながったとたん「知っている！」と顔を上げる姿は、多くの教育実践において観察されています。担任の先生はクラスの子どもたちに「安心感」を与え、抵抗なく外国の言葉や文化に触れさせることができるエキスパートなのです。

担任の先生は、適当な足場架けが上手

　小学校では、子どもたちは様々な教科の基本を学習し、知識が増えるとともに考える力もついてきます。それでも新しい学習に出会った時、中学生や高校生のように、既習内容をうまくつなげて理解するまでには至らない子どももたくさんいます。そこで学級担任の介入が大事なのです。「考える力」を育てるための様々な足場架けを用意しなくてはなりません。説明するだけでなく体験的に理解させることや、学級担任は子どもたちと常に一緒にいるので、子どもが困っている様子を見取ることができます。小さなサインを見逃さず、必要な足場架けが行えます。学習の基礎が不十分な子どもの対応についても、教科全てを1人で教えているので、どんな支援が必要なのか判断でき、足場架けを適宜与えることができるのです。

担任の先生は、発問のプロ

　小学校英語では「教えない指導法」が良いかもしれません。あれこれ教えるより学習者が自ら気づくことの方が大事です。その気づきを生むため

には、「誘導する発問」が重要になってきます。指導の幅が広い担任の先生だからこそ、適切なタイミングで、子どもたちが考えようとする興味関心を高める発問ができるのだと思います。それは初等教育で長年培われてきた指導技術ではないかと考えます。学びがいかに能動的になるか考えながら指導されてきた先生だからこそ、「言葉への気づき」を育てる方法もご存じなのです。それは専科ではなく、担任こそできる指導だと思います。

Question 37

外国語活動は楽しいものですが、どのように伝えれば他の先生方にその楽しさを理解して、積極的に実践してもらえるでしょうか？

Answer

　「英語をどう教えて良いのかわからない」「英語が苦手だ」という先生方には、高い心理的な壁があるので、「楽しさ」を体験するには時間がかかります。まずは、その壁を低くしていく方法を考えると良いでしょう。外国語が楽しいと感じるきっかけは、相手の言っていることがわかったとか、自分の言っていることが通じたという場合などでしょう。同様に、英語が苦手な先生でも、自分が発した英語が子どもたちに受け入れられ、子どもたちがついてきてくれれば、英語に対する心理的なバリアーは徐々に低くなるはずです。

　それには、子どもたちより少し先んじて英語を使う練習をしておくことです。例えば、学年で外国語活動の打ち合わせを毎週行うことを

提案してみて下さい。そこで、英語が得意な先生も苦手な先生も、共に授業の目標の確認、単語、目標表現、必要な教室英語の練習を声を出して行います。自分の授業の中で、ちょっとうまくいったことをシェアし合うことも有効でしょう。この打ち合わせを継続することによって、自信がない先生もすぐ目の前の授業をなんとかこなせるようになり、前向きな姿勢に変わります。最終的には、校内研修を定期的に開き、教師がお互いの授業を観察し、高め合っていけるようになれば良いですね。

解　説

現場の先生の疑問や不安を解消する

　現場の先生の心の中には、「楽しい」という気持ちより前に、「なぜ小学校で英語をやるのか」「どうやって英語の授業を進めればいいのか」というような疑問や不安があると思います。先生方の外国語活動に対する「楽しい」気持ちが遠のいてしまう理由は、その辺りにありそうですね。まずは、それらの疑問や不安を先生方の間で話し合い、解決していくことです。例えば、英語力への不安があるなら、小学校外国語教育で求められることは、英語の発音や文法などの英語のスキルを高めることがメインではないことを確認し合うことが大切です。それぞれの学校現場で「どのよう

な子どもに育って欲しいか」を念頭に、小学校外国語活動の目標を設定すること、外国語活動の授業は英語そのものを教えることが主な目標ではないこと、英語を通して子どもの成長を図ることなどを共通意識として持つことで、先生方は何をしたらいいのか具体的に想像できるようになるのではないでしょうか。

教員全体で取り組む小学校外国語教育

　先生方が外国語活動への理解を深め、積極的に実践しようという気持ちになるためには、学校全体で外国語活動への意識を高めていく取り組みも効果的です。ある小学校では、校内で外国語活動の授業見学の機会を設けています。その学校では教科研究の一環として、教員全員が「10分間、英語の授業を見学する」ことになっています。その試みの積み重ねは教員全体の意識を高め、外国語活動の授業力の向上につながっています。教員全体の授業力を高めることによって、仮に、担任が急に授業ができなくなった場合でも、他の教員が代わりに授業を引き継ぐことになり、英語の授業がなくなることが避けられます。また、毎朝の数分間を利用して教員全体で教室英語の練習をすることによって、英語を使った授業に取り組み易くしています。また、指導案の作成は5・6年生の学級担任が担当しますが、教材の収集や作成は他の学年の教員が受け持っています。このような教員全体での取り組みは、すでにシステムとしても成り立っています。本格的に学校全体での取り組みを始めてから2年が経ちましたが、その小学校は、市内でも子どもたちの「聞く力」「話す力」が群を抜いて優れているという結果を生み出しました。次のステップとして、外国語活動で養われた授業力を他教科へ応用する試みがなされているようです。このような事例を他の小学校にも波及させていくためには、各小学校の管理職のリーダーシップが求められます。

「教える」よりも「一緒に楽しむ」

　ある研究授業の担当の先生は、外国語活動に積極的ではありませんでした。校長から研究授業をするように伝えられた後でも、なかなか準備に入れない上に、どうして良いのかわからない状態でした。与えられた単元は *Hi, friends! 1* Lesson 9「ランチメニューを作ろう」です。2週間前になってようやく、他の教科と同じように英語でも子どもたちが輝くような授業をしてみようと思いたちました。そして、「今までお世話になった担任の先生方のためにランチを作る」という指導案を立てました。研究授業当日は、前の担任の先生方の好みやクラスの願いを入れ、ランチメニューを作ってもらった先生方が涙ぐむほどの「感謝とユーモア溢れた特別ランチメニュー」が出来上がりました。それまで外国語活動に積極的でなかった担任は、「英語が苦手という意識はだいぶ薄くなってきました。教えなければいけないと思っていましたが、自分も含め子どもたちが楽しめるようにと考えると、だいぶ前向きに授業を考えられるようになりました。それにも増して、やるからにはもっと英語の知識があれば…、と痛切に感じるようになり、英語を勉強しなくてはと思いました」と振り返りに書かれていました。担任だからこそわかる子どもたち1人ひとりが輝く授業を通し、先生の外国語活動への意識が変わった好例です。「教える」よりも「一緒に楽しむ」外国語活動を目指すことで、小学校の先生方は素晴らしく羽ばたくのですね。

Question 38

日本語も不十分な子どもたちに、英語を教える必要があるのですか？

Answer

　この質問には、小学校で外国語を導入すると、「正しい日本語を身につけることがおろそかになるのではないか」という懸念があると思われます。しかし、週1時間か2時間の授業数では全く問題になりません。この程度の学習時間を国語力の育成と対立的にとらえない方が良いでしょう。むしろ、外国語教育を導入することで、①母語以外の言語を使ってやり取りする経験ができるので、外国語によるコミュニケーションの感覚が育成される。②母語と自文化を相対的に見る気づきや態度が生まれるので、国語力の育成に良い影響を与える。このような効果が期待できます。これらは、国語教育と並行して実施可能であり、従来の小学校教育ではカバーできない新しい資質・能力を育む

ことができると考えられます。

　このような効果を考えずに、英検などの能力試験で測れる英語のスキルを向上させることだけを目的とした英語教育だとしたら、子どもたちに過度な負担を与え、ご質問のような懸念が現実となる可能性があります。

 解　説

世界の人口の約半数はバイリンガル（2言語話者）

　世界の人口は70億人を超えていますが、その半数はバイリンガルです。彼らは2つの言語を同じレベルで使えるということではありませんが、彼らの中には幼少期から2言語以上に触れている人がたくさんいます。バイリンガルと言語障害の間には関係性はないとされていますので、「日本語が不十分なうちから外国語（英語）を学ぶ必要はない」とは言えません。

「日本語が十分話せる」という基準は、実はあいまい

　ご質問にある「日本語も不十分」に関してですが、逆に「日本語が十分」という段階をどう定義すれば良いのでしょうか。もう少し発展させれ

ば「外国語を学び始めて良いのは、日本語がどれだけ話せるようになってからか」という議論になりかねません。こうなると堂々巡りに陥ります。これまで中学生から外国語が指導されていますが、果たして中学生は日本語が十分使えていると言えるのでしょうか。実は、言語、特に母語以外の外国語能力の発達過程と学習の開始時期との関係は、まだ十分に解明されていません。第二言語習得（学校でも地域社会でも学習言語が使用されている環境での言語習得）に関しては研究が進められ、かなりわかってきています。しかし、学校以外で学習言語が使われていない外国語環境では、まだ手探りの状態です。欧州やアジアの多くの国々では小学校低学年から外国語教育を開始していますが、その成果は様々です。しかし、母語が十分発達していなくとも、外国語の学習は可能であることは各国の事例で明らかです。

小学校外国語教育の価値①
「母語以外の言語を使ってやり取りする経験ができる」

　ご質問を、「従前の小学校教育に、新たに加わる外国語教育にはどのような価値があるのか（あるなら教えて欲しい）。」と読み替えて回答します。

　全国どこにいっても原則母語が通じる日本と違い、世界には自分の母語の習得度の高低に関わらず、「隣の家で話されている言語が、自分たちのものと違う」「自分たちの母語が、学校や仕事では使えない」、という状況が当たり前に存在する国や地域がたくさんあります。このような人たちは、自然に母語以外の言語でコミュニケーションをする感覚が備わります。いわゆる「グローバル化社会」においては、様々な人々とコミュニケーションをする機会が増えています。将来、外国語を使って他者と意思疎通や合意形成をすることができる能力が求められる人はさらに増えるでしょう。もちろん、全ての日本人が必ずそのような状況になるというわけではありませんが、数十年前よりもその可能性は遥かに高まっています。

その意味で、小学校教育において外国語教育を実施し、子どもたちに母語以外の言語でやり取りをする経験を積ませ、コミュニケーション感覚を養うことには価値があると考えられます。

小学校外国語教育の価値②
「母語と自文化を相対的に見る気づきや態度を養う」

　外国語教育を導入することで、子どもには母語と外国語間の比較の視点が加わるという価値もあります。例えば、「日本語ではこう言うが、外国語では違う」「外国語でも日本語と同じような言い方をするものがある」「外国語ならではの言い方がある（その逆のパターンもある）」などです。こうした視点は、日本語だけの学習では意識しづらいものです。複数の言語に触れる経験が、言語の学びを多面的で豊かなものにしてくれます。外国語を学ぶことで、母語（＝日本語）の特徴を相対化する感覚を養うことができます。さらに、言語はそれが用いられる文化や価値観と密接な関係がありますから、自他の文化を見つめ直す機会にもなり、波及的に国語力の育成に良い影響を与えることになります。

言語（英語）教育だけではなく、小学校教育全体を視野に入れる

　「英語を覚えて、使えるようにすれば良い」という、言語スキルの習得のみの目的で英語教育を行ったとしたら、英語嫌いを増やす可能性があります。上述のことを考慮すれば、必ずしも言語スキル習得の観点だけで小学校外国語教育を論じることが適切とは言えません。言語（英語）教育のみでなく、小学校教育としてどう取り組んでいくかを考える広い視野が必要です。

第2部

豊かな授業実践のために

この生命の樹のように、大地に根を深く張って、
大きく伸びゆく子どもになって欲しい

第 1 章

子ども目線の英語指導をするために

　ローマ字は古代ローマ時代に作られましたので、アルファベットとローマ字は同意語です。この本では、便宜上ローマ字は日本語を表すものとしての表記にします。現在は、国語教育でローマ字指導、外国語教育でアルファベットの指導が行われています。実社会でのローマ字の役割は、日本の名詞、特に固有名詞を外国人に理解させるためのものが主な役割で、日本人同士がローマ字を使って会話をする状況は非常にまれでしょう。したがって、日本語としてのローマ字の価値よりも、外国語の文字としてのアルファベットの価値が大きいと言っても過言ではありません。アルファベットの小文字と大文字を子どもが習得していると、英語を含む西洋の言語を学ぶ時に、非常に有利に学習を進めることができます。しかし、現実はローマ字指導とアルファベット指導は別物と考えられがちで、接続がうまくいっていない学校が多いようです。子どもの目線に立って、子どもを育てる指導にしましょう。

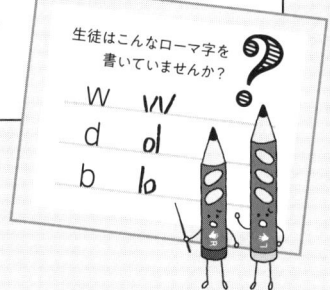

生徒はこんなローマ字を
書いていませんか？

w　w
d　ol
b　lo

1人ひとりが活きる文字指導を
ローマ字学習と英語学習―アルファベットの学びはじめは慎重に―

●テストはいつも公平？

　小学校の教室で、よくある光景です。いつものように、元気な子どもたちの声が響き渡り、いつものように、先生が声を張り上げています。

　「はい、皆さん、席に着いて！　この時間はテストをします。」
　「え〜っ！？」「はぁ〜っ…(ため息)」

　先生はいつだって、子どもたちに公平であろうとしています。同じカリキュラムを元に、一斉に授業を進めます。学習の定着度を測るため、同じテスト用紙を配り、鉛筆と消しゴムだけを準備させ、同じ時間内に問題を解かせます。そして、一律の評価規準を元に、子どもたちが解いたテストを採点し、評価を与えます。そう、不公平なんて、一切ありえません。でも、本当でしょうか？　教室を見渡すと、外見的には学齢に応じた、同じような背丈、体格、子どもらしい顔つきが何十人も席に座ってこちらを見ています。しかし、子どもたち1人ひとりの中身も同じようだと判断できるでしょうか？

●個性あふれる、バラエティ豊かな子どもたち

　1つの教室では、様々な背景を持つ多様な子どもたちが集まり、同じ目的を目指し、皆が一緒に学んでいます。しかし、多様な子どもたちの学習スタイルや進度の速さなどが異なることを容易に想定できるのにもかかわらず、一斉授業で、画一的な指導や評価が行われている現実があります。

―学習者要因を考える

　多様な子どもたちの個性は、生まれつき、また、生まれてからの環境の

中で作られていきます。その個性、特技、性格などを含めた子どもたちの特性は、特定の学習に影響を与えることが多いとされるため、学習者要因と言われます。学習者要因には認知スタイル（情報をいかに捉えるかという、知覚や記憶の仕方）の違いがあります。また、発達的な問題も学習者要因に含まれます。

―場面緘黙症の B さんの場合

　以前、筆者が外部講師として担当していた小学校の 5 年生のクラスに、気になる子ども（B さん）がいました。2007 年でしたから、まだ外国語活動の必修化前で、「総合的な学習の時間」の中での「英語活動」として実施されていた頃の話です。B さんは、場面緘黙症（ある特定の場面や状況で言葉を話せなくなる症状で、発達的な問題や生育環境に関係があるとされる）でした。休み時間には普通に話すのですが、授業が始まると一切声が出なくなります。年度初めは B さんの症状を学級担任から知らされておらず、B さんが声を出さないのは、緊張、恥ずかしさ、英語力などが理由ではないかと考えていました。当時の英語活動は、国際理解教育の一環として英会話学習に重きをおいていたため、「話す」「聞く」ことに多くの時間を割き、大切にしていました。よって、声が出ない B さんにいかに「声を出してもらうか」は、指導における課題の 1 つでした。しかし、およそ 2 ヶ月経った 6 月のある時、学級担任が、実は B さんは場面緘黙症であることを筆者に告げました。B さんは「声が出ない」のではなく、「声が出せない」状況だったのです。筆者は英語活動の授業内でしか B さんを観察できておらず、その場面緘黙に気づくことができなかったためもありますが、実情を知り、衝撃を受けました。一般的に、場面緘黙症の子どもの場合は、無理に声

を出させようとすることは逆効果です。指導の仕方はもちろん、評価についても、Bさんの実情を知る前と後では、大きな違いがありました。「英語を話す（＝声を出す）ことができるか」という規準では、Bさんは声を出せない状態にあるため、他のクラスメートと同じスタートラインに立つことさえできません。

―気づかないところで苦しむ子どもたち

　これは発達的な面に問題がある子どもの事例ですが、このような問題も学習を進めていく上での大きな要因になります。また、特性とは少し異なりますが、発達障害（脳の機能的な障害）も学習者要因の1つと言えます。何らかの発達障害を持つ子どもは、40人学級で1クラスにつき2、3人は存在するという文科省の調査結果があります。もしかしたら、気づかないところで苦しんでいる子どもたちがいるかもしれません。Bさんと同じように学習に困難を感じる要因を持つ子どもたちがいるとは知らず、小学校のいつもの教室で、当たり前のように一斉のテストが行われているかもしれないのです。公平に行われるべきテストが、公平にあれという先生の思いとは裏腹に、学習とは別の次元で、テストを受ける条件に見合うことができない一部の子どもたちにとっては、大変に不公平なテストになってしまうことにもなりかねません。

●子ども1人ひとりに配慮したい

　子どもたちは誰しも1人ひとりがみな異なる個性や特性を持つバラエティ豊かな存在です。特に成長過程にある小学生の場合、40人の子どもがいれば、認知的、精神的、社会性の発達度合いには40通りあると言っても過言ではありません。日本の学校教育は1つの規準（学習指導要領）を軸に動いています。およそ645万人の小学生がいますが、彼らのすべてにふさわしい教科書やカリキュラムが存在するわけではありません。このような状況で、教員が教室での指導に柔軟性を持たせることで、子どもた

ちのニーズや関心に応えるよう、たゆまぬ努力を続けているのです。

　学習指導要領（2018）では外国語科で新たに英語の文字指導（読み書き指導）が導入されます。実際は、2018 年 4 月からの移行措置期間から、既に読み書き指導が始まっています。読み書き指導においては、あくまで慣れ親しみの範囲内に留まり、知識や技能は限定的です。

　「読むこと」では「文字の名前読みを発音する」「慣れ親しんだ語句や表現の意味がわかる」、また、「書くこと」では「慣れ親しんだ語句や表現を書き写す」「4 線上に正しく書く」などが求められます（p.162 参照）。しかし、アルファベットの文字や 4 線の各ラインなどを認識する能力や、文字を読み書きする機能等に課題がある子たちは、発音や書き写しどころか、先生や他のクラスメートは何をしているのか、自分は何をしたら良いのかさえ理解することができないことが考えられます。先述した事例では、声を出そうとしても出ない場面緘黙症の B さんと同じです。したがって、学習以前の課題を持つような子どもたちが、皆と同じ学びのスタートラインに立てるようになるためには、通常の指導を柔軟にしたり、工夫を取り入れたりするような、何かしらの適切なサポートが必要になります。

●初めてのアルファベットとの出会い―小学校 3 年生国語科でのローマ字学習―

　「外国語科で新たに英語の文字指導が入ってくる」と前述しましたが、実は、子どもたちは既に英語のアルファベット文字と出会っています。小学校 3 年生国語科で行われるローマ字学習です（文部科学省、2008）。以前は 4 年生で行われていましたが、日常の中でローマ字を目にする機会が増えたこと（看板やパンフレットなど）、また、コンピュータでローマ字

入力をするなど情報機器を使用する機会が増え、ローマ字がより身近な存在になっていることを理由に、学習時期を早め、ローマ字の読み書きに早く慣れることをねらいとしています。ところが、指導に充てられる配当時間は4時間のみであり、読み書きに慣れ、定着する程度まで子どもたちが習得することは厳しい状況です。ローマ字学習の内容としては、「日常使われている簡単な単語について、ローマ字で表記されたものを読み、また、ローマ字で書くこと」などと、読むことと書くことの指導に重点をおいています。一方、新学習指導要領では外国語科に新しく文字指導が加わりましたが、特に音声面での慣れ親しみを重視し、読み書きの文字指導は限定的です。国語科でのローマ字指導と、外国科での文字指導を分離したままでは、子どもたちの学びに混乱を引き起こす要因となる可能性があります。

●アルファベットをめぐる、ローマ字学習と英語学習での混乱

　ローマ字学習に関連して、外国語活動が小学校3年生から新しく必修になることにより、新たな課題が生まれています。国語科と外国語活動、さらにICT教育（コンピュータの文字入力）と、子どもたちが複数の異なる授業で同じアルファベットの文字に出会うことです。さらに、ローマ字学習での訓令式とヘボン式の違い、また、音（読み方）に関してはローマ字読みと英語読み（名前と文字の2つの音）の間でも混乱が予想されます。

　　「先生、これは英語？　ローマ字？　どっちなの？」

　これは、以前筆者が小学校5年生の外国語活動を行った時、英語のアルファベット一覧表を見た子どもたちからの質問です。日本のローマ字学習と英語学習で使う文字はいずれも同じ英語のアルファベットなのですが、この質問から、子どもたちの中では「別の学習で用いる別の文字」として

認識されていることがわかり
ます。このように、小学校現
場ではアルファベットをめぐ
り、ローマ字学習と英語学習
の間で混乱が起きています。
当時は小学校3年生・4年生
の外国語活動はまだ始まって
いませんでしたので、上の質
問をした子どもたちは、小学
校3年生で国語のローマ字学

習で初めてアルファベットに出会ってから、小学校5年生の外国語活動で
再会するまでに1年半ほどのブランクがありました。このように、学年や
授業で指導にズレがありますから、子どもが混乱するのもわかります。ア
ルファベットの学習においては、小学校3年生の同じ学年で複数の授業で
同時並行的に行われたり、内容的に重複したりすることや、小学校3年生
という学齢での発達的な面（心理、運動など含めて）などを考慮しなが
ら、今後はより慎重に、複数の授業間での学習の時期（タイミング）や扱
い方、進め方等を検討していくことが必要です（ローマ字学習について
は、第3章「1. 他教科連携型ローマ字指導」を参照）。

●アルファベット指導の学び始めは慎重に

　小学校3年生国語科でのローマ字学習は、読み書き指導に特化していま
す。ローマ字を覚えるために、「何度も何度も書く」指導が4時間の短い
配当時間で行われています。しかし、広く文字指導の観点からすると、
ローマ字のアルファベット指導も、日本語の平仮名や漢字の指導と同様
に、ゆっくり時間をかけて、丁寧に扱うべきものであると言えるのではな
いでしょうか。

　図1は、筆者が指導した小学校5年生のAさんがローマ字で書いた自

分の名字です。Aさんは小学校3年生でローマ字学習を4時間終えた後、小学校5年生の外国語活動で久々にローマ字を書いたという学習状況でした。学校以外での英語学習歴はありません。この外国語活動の時間では、「ローマ字で名前を書くように」という指示と、「ローマ字一覧表を見ながら、自分の名前のローマ字を一文字ずつ確認して書き写すように」という2つの指示を出しました。4線は気にせず、自由に書いているのがわかります。文字は私たちから見て、判別（判読）できるものもあれば難しいものもあります。

図1 子どもが書いたローマ字

　さて、Aさんのアルファベットの文字を、学習指導要領で求められること（第2章）に沿って満足できるレベルまで改善していくためには、どのような指導が適するのでしょうか？　文字の線の状態から判断すると、鉛筆の種類（芯の太さや、鉛筆そのものの形状など）、鉛筆の持ち方、書く姿勢も指導が必要かもしれません（第3章4「鉛筆の適切な持ち方指導のヒント集」を参照）。また、文字の形状を観察すると、文字の認識、4線自体やその存在意義の認識も不足しているように考えられます。そして、確実に言えることは、一斉指導では対応が難しいだろうということと、Aさんに応じた相応しい個々の指導が必要であろうということです。もし、Aさんが通常の一斉指導を続けた場合、この後の学習で改善がみられないまま中学校へ進み、本格的な英語授業を受けることになるかもしれません。文字は書き学習の基本となるものと言えます。アルファベットの文字が上手く書けないと、自分の名前をローマ字で書くことさえままならず、ましてや英語の単語や文章を書くことも、さらには英語そのものへの意欲も失せてしまうことになることも考えられます。

　Aさんの他にも、個々の指導が必要と思われるケースは、これまで指

導してきたクラスの中でよく見かけました。以下が、その例です。

子どもにみられた「つまずき」の兆候の一例

〈アルファベットを書き写す時〉

- ・鉛筆を握ったまま静止している
- ・書き始めても途中で鉛筆がピタッと止まってしまう

原因

- ・文字そのものがよくわからない
- ・どこから書き始めて良いかわからない

対処

- ・個々の子どもの「わからない」に合わせた指導をすると、鉛筆を動かし始めた

〈4線にアルファベットを書く時〉

- ・文字がはみ出る
- ・4線を無視して自由に書く

原因

- ・4線によって文字の形を整えるということがわかっていない
- ・4線の上に文字を書くことが面倒くさい

対処

- ・個々にワークシート上で指示したり、声かけで励ましながら指導したりすると、正しく書くようになった

●小学校段階で子どもたちのつまずきを防ぐ

　少し前のデータになりますが、中学校の生徒・教員意識調査で、つまずき易い時期（＝生徒が英語を苦手と感じるようになった時期）は英語学習初期の中学1年生〜中学2年生の始めであることが明らかになりました（Benesse, 2009）。つまずく理由については、生徒が考える自分がつまずくポイント（図2）と、教員が生徒のつまずきの原因と考えるもの（図3）

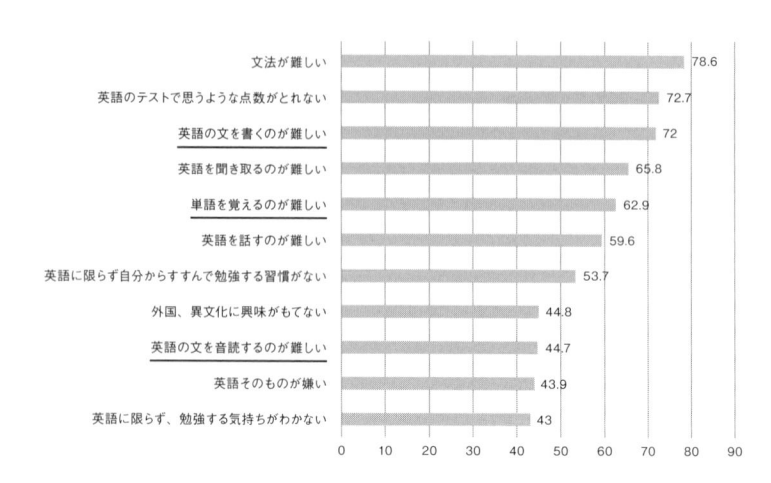

図2　英語学習でつまずきやすいポイント（生徒調査）

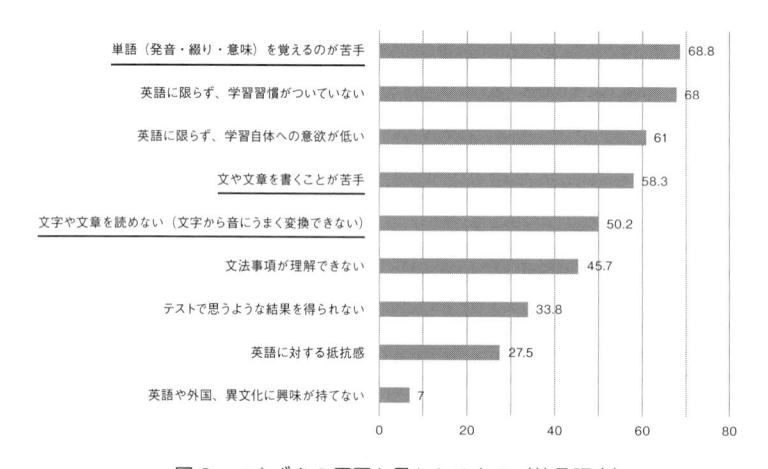

図3　つまずきの原因と思われるもの（教員調査）

＊図2、3とも筆者が調査結果を元に図を作成したもの

が、いずれも「読み書き」に関することが比較的に多かったということです。ここで心配なのは、今後は英語の読み書き指導をスタートする時期が小学校段階になることで、英語学習につまずく子どもたちの出現が早まる可能性があることです。先にあげた A さんなど、鉛筆をうまく使いこなせない子どもたちには、既に英語学習へのつまずきの兆候がみられます。新しい外国語教育では、小学校段階で、特に読み書き指導に関して、子どもたちのつまずきを防ぐことを考えていくことが大切です。先に述べたように、アルファベットの指導は実際には小学校 3 年生から始まることになるため、ローマ字指導、外国語活動、ICT 教育のそれぞれの授業で注意深く見守りたいものです。さらに、出来る限り個々の学びの特性に応じた指導を行うことが必要です。

● 教師の意識を高めるための工夫

　個々に応じた指導がとても大切だと多くの先生方は理解されていることでしょう。しかし、日々多忙な現場では時間に限界があり、その手間を考えると到底無理だと思われている先生も多いと思われます。個々につまずきが見えているが、対処したくても出来ない現実があるのではないでしょうか。しかし、個々に応じた指導への意識を高めることによって、1 人ひとりを活かす、個々に応じた学びの環境を整えることが出来るようになるためのヒントをこれから述べたいと思います。A さんのような子どもを、学習初期の段階で、つまずきから救うことが出来るかもしれません。

　先生が指導への意識を高める対象は、大きく分ければハード面とソフト面です。ハード面は、学ぶ環境です。初めて外国語に触れる時期から、例えば、学習用の道具・教具・教材などによるつまずきを防ぐことが可能です。ソフト面は、例えば、個々に応じた声かけやアルファベットの書き順に対して先生の意識を高めることです。そのことによって、子どもの変容を期待することができるでしょう。

—筆記用具（鉛筆、消しゴムなど）

　アルファベットを書くときに用いる筆記用具です。鉛筆なら、握りやすく、曲線が描きやすいものであるかがポイントです。また、正しく鉛筆を持てるようになる矯正機能がついたものもお勧めです。正しい持ち方は正しく文字を書くことにつながり、子どもたちは文字が書き易くなれば気分も良くなり、もっと文字を書きたい気持ちにもなるでしょう。また、消しゴムも消す際に跡があまり残らないよう、きれいに消えるものでないと、書き直す意欲が出ないことがあります。（第3章「鉛筆の適切な持ち方指導のヒント集」を参照）

—ワークシート、教科書に用いられる書体

　書き学習のためのワークシートや、教科書・テキスト類も重要です。それらに用いられるアルファベットは、認識し易く、読み学習と書き学習

図4　bとd、pとqの正体とUD書体での比較（モリサワ、2018）

の両方に適する書体（フォント）であるものが望まれます。例えば、図の書体を比較してみましょう。従来の一般的な学参欧文（正体）とユニバーサルデザイン（UD書体）を比べると、UD書体の方が手書きの書体に近いことがわかります。図4をみると、一般的にbとdは左右対称の形状になるので判別しづらいものです。しかし、UD書体だと、手書きの書体に近いため、鏡文字にならず、判別がし易くなります。

—4 線の幅の比率、線の太さなど

　書体に関連して、4 線の幅の広さ・比率も大事なポイントです。文字を認識・判別（判読）し易い書体、それに伴う 4 線が良いでしょう。4 線を選ぶポイントは主に 2 つあり、1 つは「子どもが書き易い」か、もう 1 つは「先生が指導をし易い」かです。

ベースライン…全ての文字の基準となる線。
ミーンライン…小文字の高さの基準となる線。
キャップライン…大文字の高さの基準となる線。
アセンダーライン…小文字の「b」や「h」が持つ「アセンダー」と呼ばれる垂直な線の上部の基準となる線。
ディセンダーライン…小文字の「p」などが持つ「ディセンダー」と呼ばれる垂直な線の下部の基準となる線。

図 5　欧文書体のボディと基準線（大崎、2010）

—形状が似ている小文字の指導

　小文字の中には、形状が似通っていて、判別が難しいものがあります。例えば、「n と h」です（図 6、7）。「n と h」は文字の形状が似ているため、子どもたちは 2 つの文字を間違い易い傾向にあります。正体では、上から 2 本目と 3 本目のラインの幅（x ハイト）が広めになっており、また h の上に伸びる部分が短めのため、特に識別する能力に課題がある子どもは区別するのに困難を伴います。一方、UD 書体では、x ハイトが少

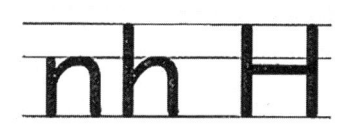

図 6　モリサワ学参欧文（正体）（モリサワ、2018）

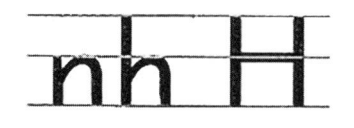

図 7　モリサワ UD 書体（モリサワ、2018）

し少し狭くなり、hの上に伸びる部分が長めのため、nとhがより区別し易くなっています。「nとh」のような似通った文字への認識に関しては、識別する力に問題がない子どもでも、細かい所まで正しく書く意識が薄かったり、注意が足りなかったり、字を書くことを面倒がったりという個人の性格や好みによっても、互いの文字をはっきり区別して読んだり書いたりすることが難しくなります。個人の好みや性格が影響している場合には、心理面に働きかけ、文字に興味や関心を持たせたり、学習への意欲そのものを刺激したりすることもとても有効です。

―大文字の指導

　大文字を指導する際も、4線の幅や比率が関わってきます。例えば、大文字のHでは、Hの真ん中の横棒が4線の線

図8　大文字の横棒が4線の線と会うもの

に合うかがポイントです。図6では、4線の2本目のライン（xハイトライン）と、Hの真ん中の横棒が微妙にずれており、子どもたちが書く際の目安にしづらいので書きにくく、先生も口頭で指導する際は説明しづらくなります。一方、図7では、子どもはHの真ん中の横棒をxハイトラインに合わせて書くことができるため書き易く、先生は口頭で説明をし易いため指導がしやすく、スムーズな授業の進行にもつながるため、効率的かつ効果的です。図8の4線は一例になりますが、このように、xハイトの幅の太さ（4線の各幅の比率）については、大文字の横棒が4線の線と合うようなものがお勧めです。

―その他、4線に関して

　大文字と小文字のいずれの指導でも、基線（ベースライン）を引き合いに出すことが多くなります。そこで、識別しやすいように、基線の色を目

立つ色に設定すると、他の線と区別がしやすくなります。色の種類は、濃い青や赤などがわかりやすいと思われます（特に、青系統の色は、色覚に問題がある場合でも色を識別し易いとされています）。また、基線の線自体も太めにすれば、より他の線との違いがわかり易いですね。他に、ⅹハイトの幅を他の幅と差別化するよう薄いグレーなどに色づけすると、さらに区別がし易くなり、書き易さにつながります。

〈ソフト面での意識改革〉

―個々に応じた声かけ

　個々の子どもやその時の学習状況に応じた、相応しい声かけがあります。個々への声かけは机間指導や指導の合間など、限られた時間の中でのものになりますが、たった一言でも、子どもたちは様々な気づきを得たり、励まされたりして、読み書きへの意欲や自信を引き出します。また、声かけの中で、子どもたちのつまずきや、その原因を見つけることもあります。

―アルファベットの書き順

　アルファベットの書き順も、子どもが文字を書く際の指導に影響を与えます。まず、アルファベットの書き順そのものについて考えてみましょう。アルファベットに正しい書き順はありません。学校現場で、子どもたちがアルファベットを書く学習は、小学校３年国語科のローマ字学習であり、中学校１年の外国語科（英語）でのアルファベット学習になりますが、いずれの学習指導要領（2008）でも、正しい書き順についての言及はなく、検定教科書に書き順の提示はありません。

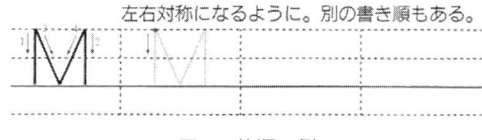

左右対称になるように。別の書き順もある。

図９　筆順の例
『ペンマンシップマスターノート』（増進堂）

155

小学校3年生のローマ字指導を含む「書写に関する事項」には、「筆順に従って文字を正しく書くこと」とありますが、筆順（書き順）は、「文字を正しく整えて書くことに関する事項」としての「書き進む際の合理的な順序が習慣化したもの」のこととし、「学校教育で指導する筆順は…一般に通用している常識的なもの」とし、特定の書き順をあげていません。授業内やワークシート・教材などで書き順が記載されることがありますが、「書き易い例」として示されており、指導者や出版元によって書く順序は異なります（図9）。小学校外国語科の新学習指導要領（2017）でも、「書くこと」においては「大文字小文字を正しく書き分けること」「四線上に正しく書くことができるようにすること」と、形の正しさについて明記されるようになったものの、正しい書き順の言及は見当たりません。アルファベットは自由に書いて良いのです。

―「書くこと」にこだわる日本の教育

　アルファベットに正しい書き順は無いということですが、そもそも、アルファベットには書く順番を設定する考え方が無いのです。以前、英語圏（英語を母語とする国や地域）に住む弁護士や大学教授などの知り合いが手書きした文字があまりに雑で、驚いたことがあります。本人ですら判別不能な文字がある位です。彼らにそのことを尋ねると、「学校で文字の書き方や書き順を学んだ覚えはない」と口を揃えて答えました。別に、雑な字を恥じたり気にしたりする様子はありません。では、日本人の目から見たら雑な字（乱れた字）はどう思われるでしょう。日本では、きれいな字・整った字が好感をもたれたり、何かにつけて尊ばれたりします。「字は体を表す」「書は人なり」という言葉もあるように、日本人が「書くこと」にこだわりがあるのは確かなようです。それは、日本の文字に対する教育のあり方、小学校国語科の指導と関係があるようです。前掲した小学校国語科の学習指導要領「書写に関する事項」には、筆順のほか、「読みやすく整った文字を効率よく書くために必要なこと」として、「姿勢や筆

記具の持ち方を正しくし」とあります。このような「書くこと」に対する細かく丁寧な指導は、日本ならではかもしれません。

—慣れない文字に戸惑う子どもたち

「書くこと」にこだわりを持つ日本の教育を背景に、漢字や平仮名の指導はもちろん、同じ文字であるアルファベット（ローマ字）指導においても同様に「こだわり」が出るのは自然な成り行きと言えるかもしれません。しかし、つまずきの兆候がみられ

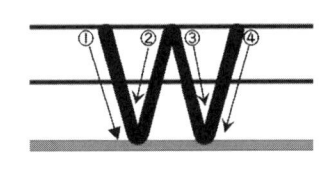

図10　Wの筆順例

た子どもたちには、どこから（どの始点から）書き始めて良いか、どのように書くのかに戸惑う様子がみられました。このように、「自由に書いて良い」状況では、かえって指標がなく、困惑する姿がみられます。慣れない文字の指導には、書き順を示すなど、何かしらの「手ほどき」が得策なようです。アルファベットも漢字や平仮名と同じように書き順を示すなど、丁寧な指導の手順を踏むことで、子どもたちは安心して文字指導に取組み、効率良く学習を進めることができるようになるでしょう。しかし、「正しい書き順は無く、自由に書いて良い」ことに変わりはありません。

「書き順は自由で良い」ということは、書き順を示すとしても、「子どもの個性に応じた書き易い書き順で書いて良い」ということなのです。教室では、めやすとして書き順の見本を提示しながらも、「書き易さ」を基準として、子ども自身が取り組み易い筆順を選ぶよう指導すると良いでしょう。ここで、どの見本を提示すれば良いか悩みます。子どもが書き易い見本はさまざまあると考えられますから、先生は1つの見本

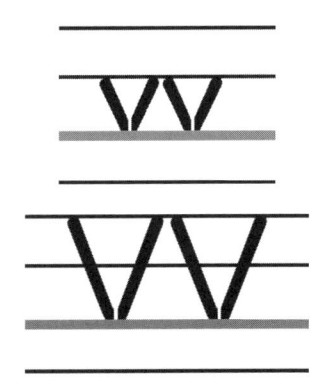

図11　重ならないWの例

を提示しつつ、「こんな書き方もあるよ」と、見本以外の筆順例も幾つか提示することも良いのではないでしょうか。

　学校教育で指導する筆順は、「上から下へ」「左から右へ」「横から縦へ」を原則としています。これらの原則は毛筆で、漢字を整った字体で書く目的で設けられたものです。しかし、書写全般に関わる原則としてあげられているため、同じ原則がローマ字（アルファベット）に対しても用いられています。一部の教材では、これらの原則に則ったアルファベットの書き順が提示されているようです（図10）。しかし、実際に手を動かしてみると、効率が良くなく、不自然な動きになってしまうものがありますので注意したいところです。例えば、W は「上から下へ」の原則に則ると、3回もワークシートから手と鉛筆を離すこととなり、また、画数（国語の画数の表し方を借りると）は4画になります。そして、この書き順だと「w」を書く時に、4線のベースラインで、本来は重なり合うべき上からの2つ線が重ならず、離れてしまっている「v」を並べた「w」を書く子どもも出てきています（図11）。

—書き順は手の動きが少なく、なるべく一筆書きに近いものを

　書き順は「書き易さ」を基準にして選ぶのが良いでしょう。手の動きは少なく済む方が、また、なるべく一筆書きに近い形で書くことができる方が、負担が少なくなるので書き易くなります。文字が書き易くなると、子どもたちは書くことに対して、「楽（らく）に（＝楽しく）」なります。文字をさらっと書けるようになると、誰しも気分が良いものです。気分が良くなると、もっともっと書きたくなる気持ちが自然と出てくるものです。文字が書き易くなることで、子どもたちは書くことに積極的になり、書くことへの意欲も生まれてくることでしょう。

　（第3章「1. 他教科連携型ローマ字指導」参照）

参考文献：

Benesse（2009）.「第1回中学校英語に関する基本調査報告書【教員調査・生徒調査】」. https://berd.benesse.jp/global/research/detail1.php?id=3186（2018年6月4日）.

Introduction to Differentiated Instruction http://ur2.link/EspN

JACET 教育問題研究会（2019）.『行動志向の英語教育の基礎と実践―教師は成長する―』. pp.49-51.

Tracey E. Hall, Anne Meyer, David H. Rose.（2012）. *Universal Design for Learning in the Classroom*: Practical Applications.

大崎義治（2019）.『タイポグラフィの基本ルール』. toukyou：ソフトバンククリエイティブ株式会社.

増進堂（2009）.「ペンマンシップ マスターノート」.

トレイシー・E・ホール、アン・マイヤー、デイビット・H・ローズ（編）. バーンズ亀山静子（訳）（2018）.『UDL 学びのユニバーサルデザイン』. 東京：東洋館出版社.

文部科学省（2008）.『小学校学習指導要領解説 国語編』東洋館出版社. p.8.

文部科学省（2012）.「通常の学級に在籍する発達障害の可能性のある特別な教育的支援を必要とする児童生徒に関する調査結果について」. http://www.mext.go.jp/a_menu/shotou/tokubetu/material/1328729.htm.（2018年6月13日）

文部科学省（2017）.「文部科学統計要覧（平成29年版）小学校」. http://www.mext.go.jp/b_menu/toukei/002/002b/1383990.htm.（2018年6月4日）.

文部科学省（2017）.『外国語活動・外国語研修ガイドブック』. Retrieved from http://www.mext.go.jp/a_menu/kokusai/gaikokugo/1387503.htm（2018年5月17日）.

文部科学省（2017）.『小学校学習指導要領解説 外国語編』. Retrieved from http://urx3.nu/EqTb（2018年5月17日）.

モリサワ（2018）.「第10回教育IT ソリューション EXPO モリサワブースショートセミナー配布資料」.

第2章

読み書き指導のめやす

読み書きの指導は、新学習指導要領の全面実施後は基本的に教科書を使う指導が中心になると思います。教科書を使うことにより、ひと通りの読み書きの指導はできるでしょう。従って、本章ではまず、教科書を用いて行う読み書き指導に役立つ基本的な考え方について記述します。次に、教科書にとらわれない指導、最後に、発展的な指導を紹介します。先生方の読み書きについての指導観の確立、短時間学習（帯活動、モジュール）での指導、そして、教科書に入る前のウォームアップ活動として活用できるようにしてあります。

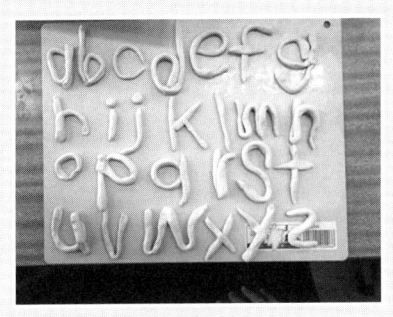

粘土で形を覚える

1. 学習指導要領で「求められていること」と「求められていないこと」

ここでは、『小学校外国語活動・外国語研修ガイドブック』「基本編」（pp.16-17, pp.25-26）の記述を元に、小学校の外国語科における「読むこと」「書くこと」について、どのように表されているかを見てみましょう。

求められていること：

〈読むことに関して〉

・26文字のアルファベット（大文字と小文字）を識別し、その読み方（Aa（エイ）、Bb（ビー）、Cc（シー））を発音することができるようにする。

・音声で十分に慣れ親しんだ簡単な語句や、基本的な表現の意味がわかるようにする。

〈書くことに関して〉

・26文字のアルファベット（大文字・小文字）を活字体で書くことができるようにする。また、語順を意識しながら、音声で十分に慣れ親しんだ簡単な語句や基本的な表現を書き写すことができるようにする。

・自分のことや身近な簡単な事柄について、例文を参考にして、音声で十分に慣れ親しんだ簡単な語句や基本的な表現を用いて、書き写すことができるようにする。

『小学校外国語活動・外国語研修ガイドブック』「基本編」（p.16）の中では、技能としての目標を次のように述べています。

音声や基本的な表現に十分に慣れ親しんでいることを前提に、音声や文字、語彙、文構造、言語の働きなどを、気づきで終わらせることなく、知

識として理解し、技能として使えることを目標としている。

　そして、この後に「ただし、それらの知識や技能は限定的であることに留意したい。」として、小学校段階では目標としていない、あるいは、不適切であるとされる事項の記述があります。まとめると、以下のようになります。

求められていないこと：

〈読むことに関して〉

・音声と綴りの関係を理解し、未習の語彙を読めるようにする。

　（単語や文を 1 人ですらすら読める）

〈書くことに関して〉

・語彙や文章などの手本を見ず、白紙の 4 線に書けるようにする。

　（単語や文を 1 人ですらすら書ける）

　（学習で扱った全ての単語や文を、1 人で再現できる）

　以上からわかるように、あくまで音声で十分に慣れ親しむことが大前提であり、その前提がない文字列を読んだり書いたりできるようにすることは求められていません。つまり、「アルファベットを 100 回書きなさい」というような厳しい練習や、暗記を目的とするような書き取り練習、単語テストのような指導は求められていません。

2.　学習指導要領が求める読み書きの素地の養成について

(1)　中学年（3・4 年）での指導について

　新学習指導要領では、中学年の外国語活動の目標に文字指導は明記されておらず、内容において暗示的に言及されているだけです。一方、高学年

（5、6年）の外国語科における文字指導は、「慣れ親しむに留める」としつつも、明示的な目標として置かれています。このように、中学年と高学年では文字指導の扱い方が異なります。

外国語活動の趣旨は、外国語を学ぶ素地を作ることです。中学年では、「英語を学びたいという意欲」、「外国語や外国に対する関心」、「文字に対する気づき」の3点を高めることがあげられています。そのためには、外国語の音や文字にたっぷり触れさせることが大事です。歌や絵本などを含む様々な教材で、楽しみながら文字に触れさせることを意識しましょう。知識を与えたり、技能をつけさせたりすることも重要ですが、それだけでなく、もっと外国語を勉強したい、外国のことを知りたいという動機づけを図ることが、子どもたちの将来の学習につながります。中学年の発達段階における特性には、「意味がよくわからなくても抵抗なく耳にした音声をそのまま真似ようとする」、「新しいものに進んで挑戦したいという気持ちを持っている」、「友だちと協力したり、関わり合ったりする活動を好む」、「身体を動かす活動を好む」などの傾向があります。言い換えれば、慣れない外国語でも抵抗なく自然に受け入れ、外国語を通して友だちと協同でき、頭・心・体と全身で外国語を吸収していくことができる可能性を秘めていると言えます。

こうした中学年の特性を生かした指導実践の一例をpp.184-188で紹介していますので、参考にしてみてください。英語を学んでいない3年生に英語の絵本 *Handa's Surprise* を読み聞かせ、異文化理解への興味づけに成功した実践です。同時に、英語のアルファベット文字の名前や、大文字・小文字の識別ができるようになることにも触れています。

(2) 高学年（5・6年）での指導について

2011年度から小学校高学年で外国語活動が始まりましたが、中学校の英語の先生から、「すでに英語を嫌いになっている子どもが入学している」と聞かされることがあります。それには様々な原因があると思います。小

学校外国語活動では上述した外国語を学ぶ素地の3点の育成を中心に、英語を学習する基礎体力をつけることが求められていますが、その体力を十分につけないまま、知識・技能の習得に力点が置かれたことが原因の1つである可能性があります。知識・技能を重視し過ぎるのは、運動に例えると、基礎体力のない子どもにいきなり100mダッシュを繰り返し練習させるようなものですから、嫌いになっても無理はありません。英語の習得にはかなりの努力が必要です。さらに学びたいと思うような動機づけ（基礎体力）がないと、学習がきつくなり、子どもたちへの負担が大きくなってしまいます。

　2020年度から開始される高学年での外国語においても、英語学習の動機づけをしっかり図る必要があります。そのためには、学んだ英語が将来役に立つという見通し、英語を使ってみたいという欲求、英語の勉強ができるようになるだろうという期待感、そして、使ってみてできたという達成感を持たせることが重要です。読み書きの初期の段階では、アルファベットが読めて書けるようになること、学習した英語を実際に使ってみて、発話が通じた経験をすることが効果的だと考えられます。

　例えば、簡単な英語の語句を使って、バースディカード、母の日や父の日のカード、クリスマスカード、年賀状（次ページ参照）などを英語で書く活動を授業に取り入れます。作成したカードを実際に友だちや両親に送って喜ばれると、作った本人も嬉しくなり、それが自信につながっていきます。こうした活動を繰り返すことによって、頑張れば英語でコミュニケーションをとることができそうだ、という期待感を持たせることができます。つまり、英語を使った活動を教室内に閉じ込めておかずに、日常生活と関連を持たせながら指導することです。さらに、子どもたちの日常に異文化の要素を加えることが、外国語を学習したいという気持ちを高めるためには非常に有効です。

図1　交流先の相手に書いた年賀状

3.　読む指導のための 3 つのめやす

　1、2でまとめた事を念頭に置いて、「読むこと」を指導するために必要な教師の授業力のめやすを考えてみました。

(1)　アルファベットを識別し、その読み方を適切に発音することができる力を育成するための活動を設定できる。
(2)　音声的に慣れ親しんだ「語」の意味を把握する指導を設定できる。
(3)　絵本の読み聞かせ（音声を伴った、英語の絵本を使った活動）において、児童が内容や文字に関心を持つような活動を設定できる。

(1) 読む指導の最初の段階

〈アルファベットを識別する〉

　アルファベットを識別できるようになるための活動例を紹介します。アルファベットを使った図形遊びです。写真（図2）のように、好きなアルファベット（この写真ではZ）を1つ選び、それに絵などを書き足して図形を作ります。

図2　子どもの作品

〈スペリングと音声と意味を結びつける〉

　絵カードを利用した活動です。絵カードは文字だけのカードに比べて視覚情報が入るため、より効果的です。絵カードの指導で、先生が絵カードを示しながら、2、3回読んでそれをリピートさせて終わりにするケースがありますが、日本語と音韻体系が異なりますし、文字も英語での表記なので、絵カードを見せながら2、3回発音を指導しただけでは、子どもたちは音声もスペリングも習得しないでしょう。

図3　絵カード

ひとことアドバイス【英語らしい発音にする指導法】

　単語の読みについて、日本語は唇、口輪筋（口の周りを囲む筋肉）や舌をあまり意識せずに話せる言語です。また、英語を発音するとき

のように、口自体を大きく横や縦に開けたり、小さくすぼめたりする
ようなことをしません。従って、日本語を母語とする子どもは、英語
を発音するために必要な口の筋肉は十分に発達していません。英語ら
しい発音をするためには、まず、そのような口の動きを大げさにやっ
てみるなどして、必要な口の筋肉を鍛えることが必要です。ある程度
口の筋肉を鍛えた後に、オンセット－ライムの指導（詳しくは第4
章）に移ると良いと思います。

　指導法としてはスペリングで該当する文字を指し示しながら、初め
の子音（オンセット）を2回ほど繰り返し、残りの母音と子音（ライ
ム）をゆっくり発音します。[pen] の場合は、/p/ /p/ /pen/ とな
ります。子どもたちには、先生の後について読むように指示をしま
す。短時間でできる活動なので、身近な単語5個を3回ずつ定期的に
繰り返し読むことで、英語を発音する口の筋肉が徐々に発達するで
しょう。

(2) 絵本の読み聞かせについて

　英語の本は英語で書いてあるから難しい、と子どもたちは思っているか
もしれません。難しいという気持ちを和らげ、自分でも読めそうだ、読ん
でみたいという気持ちにさせるにはどうすれば良いでしょうか。それに
は、先生がたくさん良い英語の絵本の読み聞かせをすることです。子ども
たちは絵本の読み聞かせが大好きです。絵本なんて幼稚なものと思われる
かもしれませんが、本の見せ方、読み聞かせの仕方（表情、声のトーン、
読み聞かせの最中の子どもとのインタラクション等）次第で、中学生でも
大人でも、読み聞かせに夢中になります。先生の読み聞かせに魅了される
と、自分でも絵本を読んでみたいという気持ちを高めていきます。

　子どもたちの絵本に向かう姿勢は様々です。1人ですぐ絵本に向かう子

どももいますが、みんながそうとは限りません。それでは、絵本に興味を持つような活動を紹介します。

〈聴き手を夢中にする絵本の指導〉

・絵本にはいろいろなタイプがあり、学齢別にふさわしい絵本というものがあるのですが、低学年から高学年まで学齢を問わず、子どもたちの興味を引きつける本は何冊もあります。中でもおすすめなのが、*Yo! Yes?* で

図4　*Yo! Yes?*

す。これは、2人の男の子の簡単な会話で成り立つ、子どもたちの心を動かすストーリーです。読み聞かせのテクニックとして、先生が1人二役で、元気な子と弱々しい子の役割を演じるように読み進めます。インターネットの動画サイト（**You Tube** など）にも絵本の映像はありますが、動画は先生の読み聞かせの練習のための参考に留める程度が良いでしょう。子どもたちに対して先生の肉声で読み聞かせをする方が効果的です。また、"**Yo**" と "**Yes**" が繰り返されるだけのストーリーが展開されるため、子どもたちは何回か読み聞かせをしているうちに絵本の内容を覚えてしまいます。発展として、ペアで絵本を演じる活動も可能です。クラス全体が明るくなります。

〈小学生が興味関心を持つ絵本〉

・他にも、やんちゃ坊主の David が主人公の *No, David!*、夜中の動物園で動物たちが檻から出て散歩する *GOOD NIGHT, GORILLA*、また、日本語訳版があり、多くの子どもが絵本の中身を知っている *The Very Hungry Caterpillar* もおすすめです。

　　GOOD NIGHT, GORILLA は、Good night, ○○（動物の名前）. のように、**Good night.** のフレーズと、様々な動物の名前が繰り返し出てくるだけの絵本です。何回も同じ言葉を耳にするため、子どもたちは自

然に Good night, …の言葉と、それらの音のリズムを覚えてしまいます。

THE VERY HUNGRY CATERPILLAR の日本語訳版『はらぺこあおむし』はとても人気があり、子どもたちの間でもお馴染みの絵本です。そのため、英語で読み聞かせる前から子どもたちは既に内容を知っている場合が多く、読み聞かせ中にたとえ英語がわからなくても、子どもたちは「英語で絵本を読めたつもり」になり、英語の本を読む自信につながります。

また、異文化への理解を深める絵本の１つに *Handa's Surprise* があります。具体的な実践例は pp.184-188 を参照して下さい。この指導例では、子どもたちとのやり取りを効果的に行いながら、読み聞かせをしています。

図5　*No David!*

図6　*GOOD NIGHT, GORILLA*

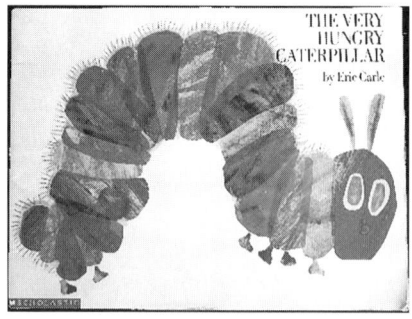

図7　*THE VERY HUNGRY CATERPILLAR*

読み書きの指導におすすめ　カテゴリー別絵本の紹介

① 文字自体に興味を持たせる絵本

　　Chika Chika Boom Boom ／ *ALPHABETICS* ／ *Tomorrow's Alphabet*

図 8　*ALPHABETICS*

② リフレイン（繰り返し）が多く、簡単に暗記ができる絵本

　　From Head to Toe ／ *Brown Bear* ／ *Brown Bear, What Do You See?* ／ *WHITE RABBIT'S COLORS*

特に、チャンツ風に読むことができる絵本

　　IN A People House ／ *The Lady With the Alligator Purse* ／ *I'LL TEACH MY DOG 100 WORDS*

図 9　*Brown Bear, What Do You See?*

図 10　*IN A People House*

③ Whole Language として内容を推測できる絵本

When Sophy Gets Angry —Really, Really, Angry... ／ ELLA SARAH GETS DRESSED ／ Seven Blind Mice ／ The Giving Tree

図 11　*The Giving Tree*

④ **Graded Readers**（多読用レベル別リーディング教材）のように、難易度が段階的になっており、段階を踏んで自分で読めるよう設計されている絵本。例えば、**cat** のように 3 文字の子音＋母音＋子音（**CVC**）の単語が多く含まれているもの、2 文字子音（2 つの子音が連結して別の新しい音となるルールで **sh, ch, ph, wh, th** などに見られる）の単語が多く含まれているもの、長母音を含む単語が多く含まれているもの、**Magic E**（単語の語尾でしかも子音の後にある発音しない **e**）を持つ単語が多く含まれているもので、英文に良く出てくる頻出単語にフォーカスしているものなどがあります。

Floppy's Phonics（Oxford Reading Tree）／ SNACK AT-TACK（innovative KIDS）／ BOB BOOKS（SCHOLASTIC）／ Songbirds Phonics（Oxford Reading Tree）／ Sight Word Readers（SCHOLASTIC）

図12　多読用レベル別リーディング教材

4. 書く指導のための3つのめやす

　次に、1、2でまとめた事を念頭に置いて、「書くこと」を指導するための授業力のめやすを考えてみました。

> (1) 子どもたちが文字、語句、表現を書き写したり、書いたりすることへの意欲を高めるような活動を設定できる。
> (2) 子どもたちが慣れ親しんだ英語の語句や表現を、書き写したり書いたりすることができるようになるために、様々な活動を設定できる。

(3) 子どもたちが慣れ親しんだ英語の語句や表現を、大文字・小文字の使い方、語と語の区切り、基本的な記号などを意識して書く活動を設定できる。

これらのめやすが示しているのは、先生が指示して子どもたちにドリル学習のように書かせるのではなく、お手本を見ながら、子どもたちが自ら意欲を持って文字を書くことができる活動を設定する授業力です。教科書と並行して行う指導は、最初は単語レベル、それから句レベルになり、文単位での活動と段階を踏んでいきます。

　小学校英語教育の実状を学ぶため、イタリアの小学校訪問をした時の図工作品を作る外国語活動を紹介します。外国語活動で図工作品制作を行うと、たとえ15分程度の短時間学習でも、1つの作品の制作を連続して続けることによって、時間が短いため中断しがちな活動に連続性を持たせることが可能になります。

〈作品に書く文字のステップ〉

1. 単語レベルを書く

　例：自分の名前／挨拶（Hello. Good-bye.）／誕生月と誕生日（May the 4th）／好きな色（red, pink, green, color）／好きなスポーツ（soccer, basketball, swimming）／興味があること（game, piano, reading）／好きな食べ物（ice cream, chocolate）／感情表現（wonderful, good, hot, delicious）

2. 句レベルを書く

　例：お礼の言葉（Thank you.）／カードに使う語句（Happy birthday, Happy New Year.）／挨拶（Good morning. Good afternoon.）／友だちや両親などに対する呼びかけの言葉（Dear Tomoki. Dear mom.）

図13 子どもの作品

左の写真（図13）は、自分が食べたい（飲みたい）物、食べた（飲んだ）物を、手本を見ながらスペリングを書き、それに絵をつけた作品です。イタリアの学校では、子どもたちの作品を天井からつり下げていました。次の朝、教室に来た子どもたちは、自分の作品を見て大喜びでした。このように、食べ物とそのスペリングを書くことができるいろいろな形のカードを用意しておくと良いでしょう。

3. 文レベルを書く

例：簡単なものを指す言葉（This is...）／好きなもの（I like...）

自己紹介（右の写真（図14）は、自分の住環境の中から、紹介したいものの絵を描き、それを This is …で紹介する作品です）

図15の3枚の写真はイタリアの小学校での作品例です。上からめくっていくと、規模の小さいもの（自分の家または部屋）から大きいもの（地域、市、国、地球）へ

図14 子どもの作品

と対象が広がっていきます。自分の町などを紹介することが可能ならば、絵の代わりに写真を使っても良いでしょう。

図15　イタリアの小学校の子どもたちの作品

第 3 章

子どもを活かす授業の工夫

外国語の習得は自分で一生懸命勉強しようと思う気持ちを作らないと結局は成功しません。その動機づけが一番むずかしいと言えます。日本の学校教育では、その動機づけにテストを使うことが多いのですが、この方法は残念ながら各種の報告を見ると一部の学習者にしか通用しませんし、テストが苦手なために、英語に劣等感を持たせてしまう結果になっていることが多いようです。学習者を育てるべき学校教育で、子どもたちに苦手意識をできるだけ持たせないようにしたいものです。そこで、本章では、英語学習への動機づけに役立つ指導を紹介します。

いま話題の CLIL に近い教科横断型ローマ字指導、絵本読みを通しての異文化理解指導、文字学習に興味を持たせるプロジェクト学習です。特に、ローマ字指導ですが、現在は、国語科で訓令式、外国語教育ではヘボン式と 2 つの方式があり、子どもが戸惑う姿も見られます。この指導法では、その接続もうまくできるように工夫してあります。また、文字学習に動機を失う原因の 1 つになりかねない筆記具の適切な持ち方指導の方法も紹介します。本章を参考に、子どもたちにうまく動機づけをして、充実した外国語教育を実践しましょう。

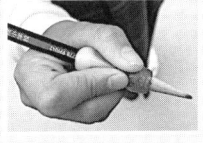
補助具をつけた鉛筆

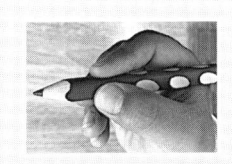
持ち易い工夫のある鉛筆

1. 他教科連携型ローマ字指導

　国語科でのローマ字指導では、主に訓令式を習得して日本語の固有名詞の読み書きができることを主目的としています。ローマ字指導の配当時間は4時間で、「何度も何度も書く」という方法で覚えることが有効だと考えられてきました。しかし、そのような方法では、大文字と小文字を十分に習得するには限界があることは周知のとおりです。そこで、もう少し配当時間を増やし、手で書いて覚える以外の方法を模索してみました。その結果、全科を指導できる小学校の先生の強みを生かした、他教科連携型指導を考案し、それを実践してみることにしました。以下、その実践例を紹介します。

　この実践は、国語科だけではなく、他教科と連携して配当された指導時間を増やし、多くの子どもたちがアルファベットを習得できるように計画されました。そのために、国語の時間（4時間）だけでなく、書写の時間（2時間）と図工の時間（2時間）も使って指導しました。通常の倍の8時間の指導時間を確保することで、指導する側も子どもたちにも少し余裕が生まれました。結果は、ほとんどの子どもたちがローマ字を使って、単語レベルですが、自己表現ができるようになりました。

　この他教科連携の指導は、アルファベット学習の経験がない公立小学校の3年生に対して実施されました。以下に8時間分の具体的な内容を紹介します。

1時間目（図工配当時間①）：ローマ字の認識と学習への動機づけ

　パワーポイントのスライドで学校の近所にあるお店や駅などのローマ字を見せて、ローマ字が生活の中に存在し、身近な文字であることを認識させ学習への動機づけを行います。アルファベットの大文字小文字の違いについて意見を聞くなどして文字の形に興味を持たせた後、小文字の方が使

用頻度が高いので小文字から学習することを伝えます。その後、モールを使って好きなアルファベットの文字作りをします。出来上がった文字の作品の評価をお互いにしたり、平仮名やカタカナとの違いを考えさせたりします。

2時間目（図工配当時間②）：レタリングの基礎を作る

　アルファベットのレタリングの基礎を作ります。アルファベットの各文字を、できるだけ筆記用具を紙から離さないようにして、一筆書きで書くように指示します。一筆書きが出来ない文字があれば、それに丸をつけさせます。作業が終わったら、丸をつけた文字は本当に一筆書きができないのか問いかけ、しばらく考えさせます。その後、一筆書きができる文字を子どもたちに順に前に出て書いてもらいます。すると、ほとんどの文字が一筆書きで書けることがわかるようになり、その特徴をつかませます。全員がそのことを確認できた後、粘土で一筆書き風の文字を作らせます。

図16　粘土で形を覚える　　　　図17　子どもが書いた作品

3時間目（国語配当時間①）：音の規則に気づく

　日本語の50音順に並んだローマ字のワークシート（図18）を使って、ローマ字は子音文字と母音文字でできているという規則に気づかせます。ローマ字は所々文字が抜けて空所になっていますが、各文字の下に日本語で「あいうえお…」と書かせ、空所に入る文字には一定のルールがあることを伝えます。すると子どもたちは1人で、あるいは、協力してルールに

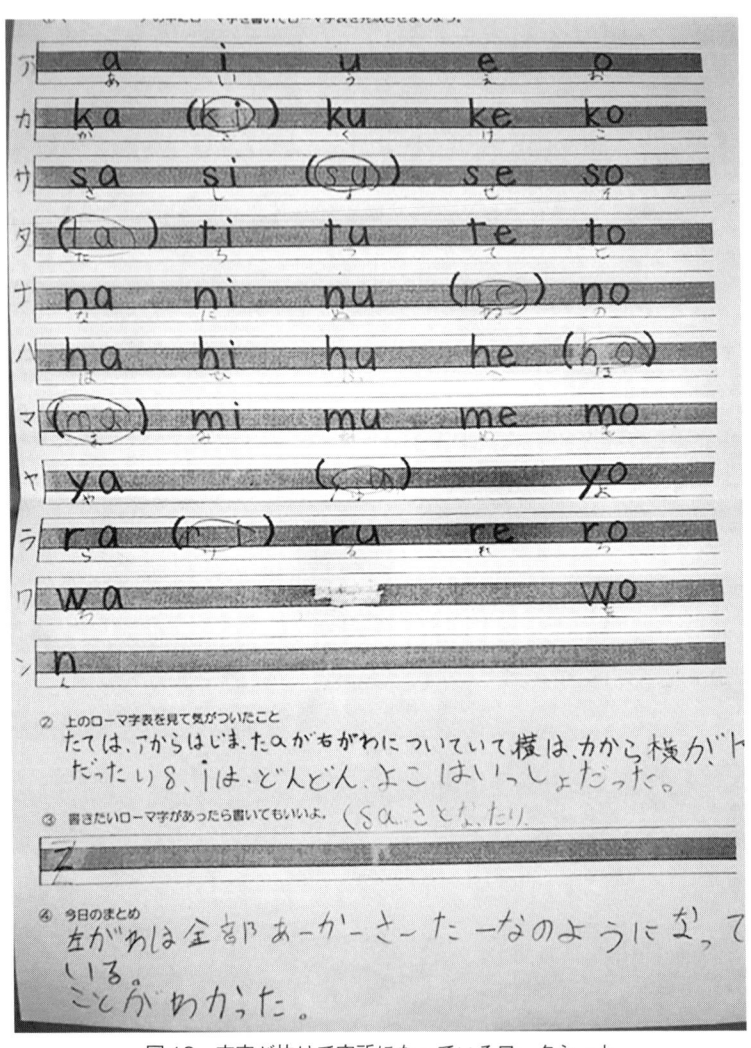

図18　文字が抜けて空所になっているワークシート

気づいて、空所に文字を入れていきます。ワークシートが完成したら、母音と子音の区別を伝えます。そして母音の「a, i, u, e, o」を発音させ、息がどこにも引っかからないこと、次に、「ka, ki, ku, ke, ko」では母音の前にある文字 k（子音）は、息が喉の上の箇所（調音点）で引っかかることを子どもたちにも発声させ、確認します。最後に、ローマ字カードを使って 50 音順に並べさせます。

4 時間目（書写配当時間①）：小文字の書写（清音）

　訓令式の清音の行を小文字で書写させます。書写用ワークシートには文字の始点（書き始めるところに打つ点）を打っておき、ひらがなも下に書いておきます。書画カメラで「a, i, u, e, o」から順に見せながら指導します。粘土で作った一筆書きを思い出させながら、一斉書きした後に空書きもさせて、子どもたちの運筆を確認します。この時、前時で導入した母音と子音の音を意識しながら、声に出して書くように指導します。その後、「あ行」と「か行」の書写を終えてから、2 つの行で作れる言葉集めを行い、集まった言葉をローマ字で書くよう指示します。

5 時間目（書写配当時間②）：小文字の書写（濁音）

　訓令式の濁音の行を小文字で書写させます。まず、子どもに平仮名の中でまだ習っていないローマ字は何かをたずねます。濁音の行や拗音、長音、撥音であることに気づいたら、それらもローマ字で書けることを確認させ、取り組ませます。一筆書きで「g, b, d, p, z」の運筆を書画カメラで見せます。4 時間目同様、なぞり書き、空書きを行い、「ガ、ギ、グ、ゲ、ゴ」などとだけ書かれたワークシートを配布し、カタカナの下にローマ字で書かせます。その後、言葉集めをして、その中の言葉を選んで筆記を行わせます。最後に、班ごとにローマ字のカルタ取りを行います。この時、教師が発声する音のアルファベット文字を班全員で指さすルールにすると、自然に子どもたち同士にアイコンタクトが生まれ、遅れがちな子ど

もも一緒に出来るので効果的です。

6時間目（国語配当時間②）：言葉遊び（読む・書く）とヘボン式の導入

　訓令式ローマ字で、言葉を作ったり、読んだりさせます。ローマ字カードを班に配布し、グループでローマ字を使って言葉を作る活動、他の班が作った言葉を班ごとに移動して読む活動、個人で言葉を作る活動、クラス全員の言葉を動き回って読む活動を順に行わせます。早くできた人は友だちを手伝うこと、「読む」活動に自信がない子どもはローマ字表を使って良いことなどの支援をします。また、ヘボン式で書かれた地名を紹介し、訓令式との違いについて子どもに尋ね、なぜ地名ではヘボン式で書かれているかを説明します。

7時間目（国語配当時間③）：小文字の書写（促音・拗音）

　訓令式の促音と拗音の決まりに気づかせ、読み書きをさせます。まだ習っていない言葉について考えさせ、『っ』、『ゃ、ゅ、ょ』、『のばしぼう』などの意見が出てから、その決まりを発見させます。促音のつく言葉を考えさせ、そのローマ字を2〜3語板書した後に「学校」「ga ○ ko」などのクイズを出し、促音を表すルールを考えさせます。また長音についても説明します。同様に拗音についてもクイズ方式でルールを考えさせます。最後に、自分の好きな言葉を書いて活動を終了します。

8時間目（国語配当時間④）：大文字と小文字の比較、ヘボン式の紹介

　まず、アルファベットの大文字と小文字を比較し、大きさ以外に文字の形が違うものを尋ね、大文字から小文字に形がどう変化したのかを考えさせます。そして予想が出来ない文字は少ないことに気づかせます。次に訓令式のローマ字で使わない文字（c, f, j, l, q, v, x）を考えさせます。これらの文字はヘボン式などで使う事を説明し、ヘボン式だと外国の人にも日本語らしく読むことができると説明します。訓令式とヘボン式の表記が

違うものに印をつけさせる活動や、ヘボン式が含まれている地名や人の名前が書かれたスライドやパワーポイントを見せて、読みを考えさせます。最後に、自分の名前をヘボン式で書かせます。

　この実践は、外国語活動を導入する前の3年生に実施しました。2020年度から中学年に外国語活動が入ってきます。子どもたちは3年生の時期に国語科・外国語活動・ICT教育（コンピュータの文字入力）と、複数の授業で別々にアルファベットに出会います。従って、この実践例のように、図工と書写とで教科横断しなくても、国語科・外国語活動・ICT教育で、ある程度の指導時間が確保できる可能性があります。重要なのは、各教科で別々に行うのではなく、一貫して実施することです。教科横断的に指導することで、より教育効果を高めることができるでしょう。

2. 絵本 *HANDA'S SURPRISE* の読み聞かせ：異文化理解による外国語学習への動機づけの実践

対象学年：英語を勉強したことがない 3 年生

扱った本：Eileen Browne (1994) *HANDA'S SURPRISE*, London: Walker Books Ltd.

本の内容：アフリカに暮らす Handa という女の子が隣の村の友だち Akeyo に会いに行きます。友だちが喜ぶように果物をかごに入れて持っていきますが、途中でいろいろな動物が現れ、Handa の果物を盗んでいきます。空っぽになったとたん、あら

図 19　*Handa's Surprise*

不思議、ヤギが木にぶつかり、その実が落ちてまた Handa のかごが一杯になりました。村に着いたら Akeyo は喜んでくれました。

　この授業記録は、1 時間分の記録です。先生が読み聞かせをしながら、子どもたちの反応をうまく引き出しています。それが理解できるようにした会話調で記録してあります。

【授業始まり】

　先生：『今日は英語の本、読んじゃおうかなー』と言ったら、

　生徒：『えー、先生、英語読めんのー？』、『大人やし読めるやろ』、『そうなん？』、『先生、大丈夫？』、『オレ、日本語で読んで欲しい。英語わからんもん』とワイワイ。

　先生：『ちゃーんと見て、考えたらわかるよ』と言って表紙を見せました。見せた途端に男の子たちはゲラゲラ。肌の色が違うとか、顔だちが違う、髪型が違うというのは、子どもたちにとって「おか

しい」と感じるものなのかなぁ。

女子：『そんなん、笑ったらあかんやん』と言います。いつも正義感の強い子たちです。

先生：『何が面白かったん？』と聞いてみました。

男子：『うー、なんか、顔が…』、『なんか、髪型が変っていうか…』と歯ぎれ悪く答えます。なんとなく自分たちでも人の容姿を笑うことはいけないことだと思っているようです。

先生：『今ね、表紙を見て笑ったみんなは、なんか違うなぁって思ったのよね。笑わなかったみんなも、違うなーって思ったよね。どうもこの本には、私たちが普段生活しているのとは違うこと、一杯ありそうね。何が違うか、よーく考えながら読もうね』こう言って読み始めました。

先生：「Seven delicious fruits」と言って、指さしながらみんなで数えてみました。『One, two, three, four, five, six and seven』

生徒：『ほんまやー、ちゃんと7つあるわー』、『何のフルーツある？』、『バナナとオレンジと…』『あとわからーん』と言ったので、

先生：もう一度前に戻って読んでみます。『Banana, guava, orange, mango, pine apple, passion fruit, tangerine. She will be surprised, thought Handa.』

生徒：『何て言ってるんだろうね』『サプライズって言ってる！』『サプライズのプレゼントにするんちゃう？』

先生：『I wonder which fruit she'll like best?』

生徒：『ライクって言ってた！』『ベストって言ってた！』『一番好きなの何かなーって言ってるんかな』

　そして次のページで、サルがハンダのバスケットからフルーツ

を一個取ります。

生徒：『あーーーー！　サルがー！』爆笑します。

　　　次のページで、鳥がフルーツをとります。ページをめくるたびにいろいろな動物が出てきて、そのたびにフルーツがなくなっていくので、子どもたちは大喜びです。

生徒：『でかい鳥ー！』

　　　次のページで

生徒：『シマウマやん！』『マジか！　象来た！』『危なくないん？』『キリン来たー』

先生：『じゃ、次何が来そう？』

生徒：『そりゃあ、ライオンやろ』『トラちゃうん』『………？』『先生、何これ？』『もう残ってへんやろ』『いや、あと1個残ってるって』『って、最後鳥かー』ゲラゲラと笑います。

　　　次のページでヤギが現れて、オレンジの木にぶつかって、オレンジがいっぱい Handa のバスケットに落ちてきます。

生徒：『ヤギ、ヤギ！！！』『やばい』『すごい落ちてきた』『めっちゃラッキーやん』『とられていってること、何で気いつかへんねん（笑）』『普通重さが変わるから気いつくやろ』『で、先生、あの動物なに？』ときたので、最後のページを見せて。

先生：『monkey, ostrich, zebra, elephant, giraffe, antelope, parrot and goat』と教えます。

　　　そして一呼吸して、『それで、自分たちの普段の生活と違うところはあった？』

生徒：『いっぱいあったー』

先生：『じゃ、それを近くのお友だちとお話ししてみましょう』どんな意見が出たかしら。

〈子どもたちから出た意見〉

髪型が違う／服が違う／虫がいっぱいいる／見たことない虫がいる／
果物で知らないのがある／バケツの上にカゴ置いてる／外でプレゼン
トにするやつをバスケットに置いてる。うちやったら、家の中のテー
ブルの上でやると思う／フルーツを直接草の上に置いてる／うちでこ
んなたくさんの種類のフルーツ見たことない／家の周りに牛がいる／
家の周りに壺がいっぱいある／バッグもあるのに平べったいカゴに入
れてる／カゴを頭に置いて運んでる／カゴを頭にのせるのに、輪っか
を頭にのせてる／道が土／木の種類が違う／頭にのせてるのに、手で
支えてない／動物がたくさんいる／動物がフルーツ取るとかありえへ
ん／道のそばに背の高い草がはえてる／ヤギがつながれてる／赤ちゃ
んをおんぶするやり方が違う／大人の女の人たち、帽子じゃない何か
をかぶってる／ニワトリ放し飼い／家が土で建ててあるみたいに見え
る／家の窓が違う／家の扉も違う／子どもも赤ちゃんおんぶしてる／
友だちとか、大人の女の人たちが布を巻いてる

先生：『きっと絵本用に、動物がいっぱい出てくるとか、わざと面白く
　　　したところもあると思うんだけどね』

生徒：『動物がいっぱい果物取るとかやろ』『とられてるのに気づかへん
　　　とか、ヤギがぶつかってみかんいっぱいになるとか』

先生：『日本も少し前までこうだっただろうなっていうことも、いろい
　　　ろありそうね。違うところ、いーっぱい見つけたけど、あ、これ
　　　、一緒や！　っていうのはない？』

生徒：『あるある！』『友だちにサプライズ持って行ってあげるとか』
　　　『どれ好きかなーってワクワク思うとか』

先生：『Handa はバスケットに入れて頭に乗せて行ったけど、君なら

サプライズのプレゼントどうやって持っていく？』

生徒：『紙袋に入れて』『かわいい包み紙に包んで』『手に持って』『自転車の前かごに入れて』

先生：『もしさ、お友だちにサプライズ持っていくとしたら、なにを入れて持って行く？』

〈子どもたちの意見〉

おまんじゅう／お菓子／うまい棒／アイス／鉛筆／自分が描いた絵／自分が作ったお菓子／自分が作った迷路／自分が作ったキャラクターの出てくる漫画／そこらで見つけたかわいい雑草の花／ザリガニ／セミの抜け殻

先生：『お友だち、喜んでくれそう？』って聞いたら、

生徒：仲良しと顔を見合わせて『たぶんー』って答えました。

　　　ハンダもアケヨと一緒ですごく嬉しかったんだろうね。仲良しっていいな。ああ、面白かった。いっぱいしゃべったね。

　　　私たちの当たり前は、もしかしたら当たり前じゃないかも、と気づくこと。自分とは違うことを、興味を持って楽しめること。それもありかなって思えること。そんな時間になったかな。

3. 「My Name プロジェクト」による文字を学習することへの動機づけ

　ここでは総合的な学習の時間を利用して、文字に興味や関心を持ち、外国語を学ぶ動機づけにもつながるプロジェクト学習の実践を紹介します。また、最後に解説として、この「総合的な学習の時間」がどのように「外国語」の授業とリンクし、外国語における「深い学び」につながるのかについて考えていきます。

プロジェクト学習とは

　プロジェクト学習とは、子どもたちが3~5人のグループを作り、課題や問題に対してグループで協力しながら、決められた期間の中で調べ学習をしたり、情報をまとめたりしてゴールとなる作品を作り、発表などをする学習形態です。総合的な学習の時間は、学校が地域や学校、生徒の実態に応じて、教科の枠を超えた横断的・総合的な学習とすることと同時に、探究的な学習や協働的な学習とすることが重要であるとされてきました。プロジェクト学習は、この「教科横断的」「探究的」「協働的」な学習を実現できるものの1つだと考えられます。

　海外とのプロジェクト学習を推進・提供している団体の1つに iEARN [iEARN への加入については、以下の団体のホームページで確認できます。日本センター：特定非営利活動法人グローバルプロジェクト推進機構（JEARN）http://www.jearn.jp/japan/index.html] があります。この iEARN にはたくさんプロジェクトがあり、世界中の先生と協働できるようになっていますが、その中の1つに My Name Around the World があります。本稿の「My Name プロジェクト」は、これをアレンジし、4年生で実施したものです。

　このプロジェクト学習は、言葉とは何か、絵とはどう異なるのか、など

の文字に関する根源的な問いを通して、「なぜ私たちは外国語を学ぶ必要があるのか」につながっていきます。自分以外の他者に、伝えたい何かがある時、情報を共有したい時、時間や場所の枠を超えて他者に伝えたい時、そのためには何らかのルールにしたがった文字というものが必要となります。そのルールを理解すれば、見知らぬ文字でも時を超えて理解できるということを、子どもたちは体験します。このような体験は、子どもに「言語」や「外国語」というものに対する関心と探求心を掻き立てさせ、外国語を学ぶ動機づけにもつながると考えられます。さらに文字についてグループで協働しながら考えたり、古代文字の背景についてオリジナルストーリーをグループで考えて発表したりすることで、協同性や創造性を育み、異文化理解に関心のある子どもを育てることにもつながるでしょう。

プロジェクト学習の授業設計の考え方

　この「My Name プロジェクト」のゴールは「自分の名前を題材にオリジナルカードを作り発表する」ことです。自分のオリジナルのカードを作るために、自分の名前について意識を高める活動が必要です。名前について意識を高めるために、名前を構成する文字に注目させる活動を入れたら面白いのではないかと考えました。このように、このゴールを目指す過程で、子どもたちにどんなことを調べ、学んで欲しいかを考え、教師は授業を設計します。その際に、「自分の名前を題材にオリジナルカードを作り発表する」というゴールまでの過程で、学習指導要領外国語の「外国語やその背景にある文化を捉える」という「見方・考え方（p.199「プロジェクトについての解説」を参照)」を「名前や文字に着目して」働かせて、子どもたちに以下のことに気がついて欲しいと考えました。これは教師から見たプロジェクト学習を設計する際の基本的考え方です。

　①名前を構成する文字に意識を向ける。
　②世界中にはいろいろな文字があることを知って、日本語の特徴にも気

づく。

③他者を意識した作品作りをする。

④外国の文化を尊重して作品を鑑賞し、誰にとっても名前は特別なものであることに気づく。

　このように、ただゴールを目指すだけではなく、活動の過程における教師の狙いや目標を明確にしておくことが大切です。これらの目標を目指してどのように活動を進めていくか、授業の流れを計画します。総合的な学習の時間は、「1. 課題の設定→2. 情報の収集→3. 整理・分析→4. まとめ・表現」という探求のプロセスが大事です。そこで、文字に注目するために「文字って何だろう？」と考えさせる活動から始めることにし、以下の4つのユニット（計8時間単元）を計画しました。

授業の流れ

(1) 文字って何だろう？　絵との違いは？（1.5 時間）

　文字を意識させるためには、文字かどうかわからないものをみんなで考えてみる、という活動が適しています。古代の遺物「タルタリアのタブレット (Tartarian Tablet)」の実物写真をグループでじっくり観察して、これは自然にできたものだろうか、ヒトが作ったものだろうか考えます。もし誰かが作ったものだとしたら、「何を表したかった（残し

図20　タルタリアの
　　　タブレット

たかった）のか」、「これは文字か絵か」、そもそも「これは何なのか」を自由に考え、最初にこれを見た時に思ったことをグループごとに発表しクラスで共有します。

　すると、「これはいつできたものなのか？（少なくとも紀元前 4000 年以前とされています）」、「どこで見つかったのか？（東ヨーロッパ：現在のルーマニア）」、「材質は何か？（粘土）」、「大きさはどのくらいか？

（3cm）」、「いつ見つかったのか？（1961 年）」、など、子どもたちからはたくさんの質問が出てきます。このような質問の答えは、子ども自身で見つけることは難しいので、教師は事前に調べておき、質問が出てきたらクラス全体で共有しながら情報を与えます。詳しくはインターネットで「タルタリアのタブレット」、または、英語で「Tartarian Tablet」で検索すると情報が得られます。

　基本的な情報を与えた後は、子どもたちに本を使って自由に調べさせます。この時、教師から「この本を使うと良いよ」と指示は出しません。子どもが自分の力で、調べ学習に役立つ本を手に取ることができるようになるのも、調べ学習に必要なスキルの1つです。子どもたちが様々な本を手に取り、「この本には載っていないから別の本を探そう」と、本棚と何度も行き来を繰り返すことを見守ってください。そして、探す本の方向性が大きく外れてきた時に、教師が初めて「これは文字かな？　絵かな？　文字だとしたら、どんな本を使って調べたら良いだろう？」と、もう一度質問を繰り返します。1人の子どもが「あ、これかもしれない」「見つけた！」と、文字について書かれている本を手に取ったら、後は大丈夫です。

　現時点での最古の文字は、紀元前 3300 年くらいとされています。もしこれが文字だとしたら、人類史が塗り替えられることになります。しかし、このタルタリアのタブレットについては、現在でも詳しいことはわかっていません。つまり、正解がないので子どもたちが自由に考えたことが、実は将来の研究の発展につながるかも

図 21　図書館での学習

しれません。グループで「これは絵か、それとも文字か」「これは何を表しているか」について、自分たちの仮説を立て、本や資料を使って調べ学習をします。調べ学習に適した本は以下のようなものがあります。公立の図書館と連携し本を揃えておくと便利です。

図22　文字（ずかん）

『文字（ずかん）』八杉 佳穂（監修）技術評論社
『世界の文字と言葉入門 第1期・第2期』小峰書店
『137億年の物語―宇宙が始まってから今日までの全歴史』クリストファー ロイド著 文藝春秋

これらの本が手に入らない時は、インターネットを使うと便利です。「地球ことば村」というサイトの「世界の文字」というページには、地球上の様々な言語が紹介されています。

http://www.chikyukotobamura.org/muse/writing_systems.html

また、世界地図も必要です。社会の時間に使っている地図帳やポスターのような大判の世界地図があると便利です。

何だかわからないものを見て「これは文字だろうか、絵だろうか？」と考えることは、文字についてどのように捉えているのかに気づくことになります。もし文字だと思ったのであれば、どうして文字と思ったのか、子どもたちに「文字とは何か」を考えさせるきっかけとなります。この活動の最後に「文字と絵の違いは何か？」を自分たちの言葉でまとめます。

（2）名前って何だろう？　もし名前がなかったら（1.5時間）

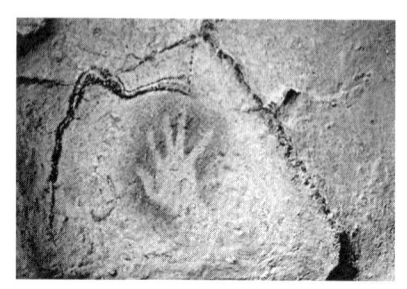

図23　先史時代の手形壁画

　次に、ヨーロッパの各地にある洞窟に残された先史時代の手形壁画をじっくり観察します（この手形についてはインターネットで「先史時代　手形」で検索すると情報が得られます）。そして子どもたちは自由に感想や質問を発表します。この手形は紀元前6300年以上前に洞窟に残されたものとされています。この手形の主には名前があり、なんらかの理由があってここに自分のマークとして手形を残したのかもしれません。しかし、文字がない状態では、詳細は一切謎のままです。つまり、文字がないと名前として記録に残ることができず、現代に生きる我々はその人を特定することも、どんなストーリーがあるかを探ることもできません。「文字で名前を残すこと」が、歴史を解明する上でどれだけ重要なことなのか、子どもたちと一緒に考えます。

　次に、記録として（文字として）残る世界最古の名前を取り上げます。紀元前3000年くらいにエジプトにいたとされるナルメル王の遺物（Narmer Palette）の実物写真をグループでじっくり観察します。この

図24　ナルメル王の遺物

中のどれがナルメル王の名前を表
しているか探し、なぜそれが名前
だと思ったのかを自由に発言しま
す。

図25　遺物を見る子ども

　よく観察すると、描かれている
人物の近くに、明らかにシーンと
は関係ない記号のようなものが残
されています。また同じ組み合わ
せの記号のようなものが、数カ所
に残されています。この中で「魚
（ナマズ）」と「工具の鑿（のみ）」が「ナルメル」という名前を表してい
ることを説明します。ここで、絵として描かれているのではなく、記号と
して使われている文字の特徴に気づき、エジプトのヒエログリフに繋がっ
ていきます。

　ヒエログリフで残されている人物の名前について、アルファベットに対
応した一覧表を手掛かりに誰の名前かを当てます。この時、ヒエログリフ
の使い方にもルールがあることに気がつくようにします。例えば、「左右
どちらから読んでもいいが動物や人物の顔が向いている方向から読む」こ
と、「上から下に書かれることはあるが、下から上には書かない」こと、
「名前は楕円形で囲まれている」ことなどを説明します。文字を並べる時

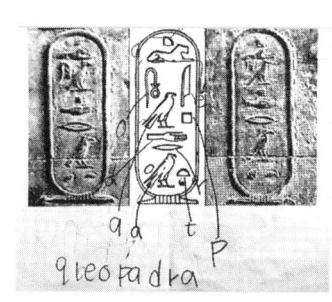

図26　ヒエログリフ表　　　　　　図27　ヒエログリフ

には、一定のルールがあることに気づかせる良い機会になります。

　一見しただけでは誰なのかわからないものですが、ヒントを手掛かりに読み解いていき、「クレオパトラ」など、誰もが知っている有名な人物の名前を解読した時には、子どもたちの中から歓声が上がります。古代に残されたものが、文字のおかげで現代に色鮮やかに蘇る体験です。自分たちの名前も、文字としてこの先ずっと残っていくものとなり、未来の人たちが文字を頼りに読んでくれるのかもしれない。この活動の最後に「名前とは何か？」を自分たちの言葉でまとめます。

(3) 調べ学習 （3時間）

図28　調べ学習をする子ども

　ここまでの活動で、子どもたちは様々な文字に触れています。ここから先は子どもたちの興味や関心に合わせて、自由に文字を調べたり文字で遊んだりする時間を作ります。本やインターネットを使って、自分の名前をいろいろな文字で書いてみる活動や、ヒエログリフはその後どの文字につながっていったのか、日本語のご先祖（ルーツ）は何かなど、グループごとにテーマを決めて、先ほど挙げた本を使って調べます。

　この調べ学習の中で、同じ文字を使っていても言語が違うことがあること（例えば、ラテン文字＝ローマ字を使っているのは英語、ドイツ語、フランス語、スペイン語など）、日本語は4つの文字（漢字、ひらがな、カタカナ、ローマ字）を使い分けており、これは世界的にも珍しいことなどに気がつくきっかけが生まれます。また漢字のように音と意味を表す文字は少なく、アルファベットのように音だけを表す文字がたくさんあること

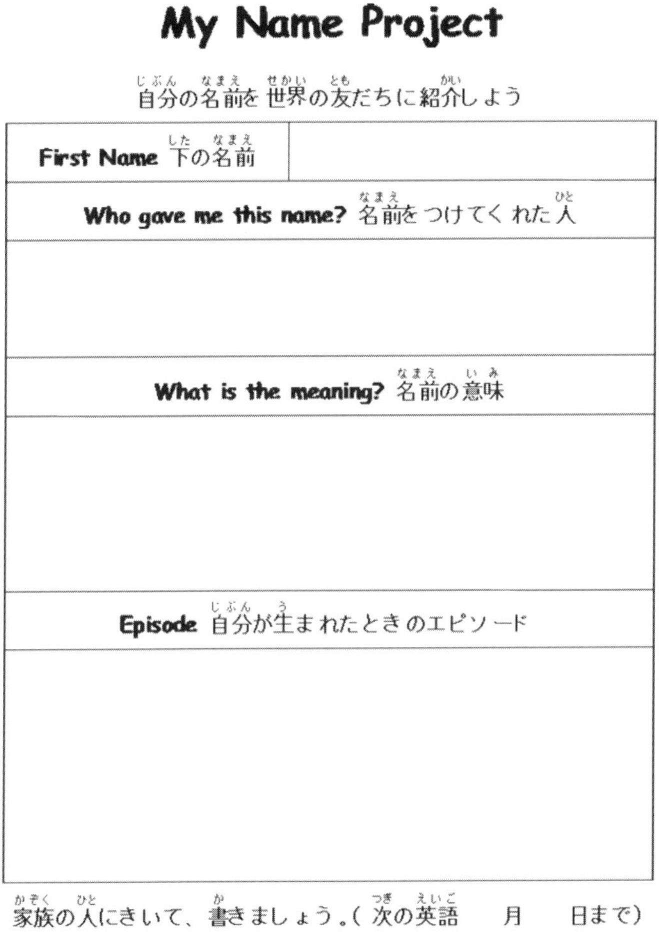

My Name Project

自分の名前を世界の友だちに紹介しよう

First Name 下の名前	
Who gave me this name? 名前をつけてくれた人	
What is the meaning? 名前の意味	
Episode 自分が生まれたときのエピソード	

家族の人にきいて、書きましょう。(次の英語　　月　　日まで)

図29　紹介のためのシート

に気がつく子どももいます。普段自分たちが使っている日本語の文字の特徴に気がつく事も、子どもたちにとっては新鮮な驚きであり、とても大切な経験です。

　最後の3時間目に各グループで調べたことをクラスで発表し共有することで、子どもたちは自分たちが調べたことだけではなく、別のグループか

ら貴重な情報を得ることができます。また、宿題として自分の名前につい
て調べる活動を行います。自分の名前は誰がつけてくれたのか、どうして
その名前がつけられたのか、つけてくれた人の願いや想いを子どもたちが
自分自身で調べることで、名前についてさらに意識を向けるきっかけにな
ります。自分の名前について詳しく知る事も大切な学びです。

(4) 自分の名前カードを作り発表（2時間）

　いよいよプロジェクトのゴールとして、今まで調べて集めた情報を元に
して、自分の名前カードを作成し発表します。ここで子どもたちが作った
作品を学校中の人たちに、そして地域の人々にも見てもらう、さらには国
外に向けて発表するという目標を与えることで、子どもたちにとって他者
を意識した作品作りにつなげることができます。自分の気に入った文字を
使って表現する子もいれば、日本語や漢字を世界に紹介しようとする子、
自分の名前の意味や由来を表現しようとする子もいます。また文字だけで
はなく絵を描いて、日本語が読めない人にも意味がわかるように工夫をす
る子もいます。この作品作りを通して、子どもたちが今までにどんなこと
を学び、気づき、感じてきたかがわかります。世界でたった1枚のオリジ
ナル・ネームカードです。子どもたちが作った作品はぜひ大勢の人とシェ
アしたいものです。

図30　ネームカード

図31　ネームカード

　このシェアは国外のつながりがある学校へ送ったり、学校で掲示して地

域の方々に見ていただくといった方法がありますが、先ほど紹介した iEARN を通して行うと便利です。ここでは My Name Around the World のプロジェクト専用フォーラムがあり、いつでも好きな時に作品を投稿したり、また海外から投稿された作品を鑑賞したりすることができます。海外の子どもたちの作品を鑑賞することで、名前は世界のどの人にとっても特別なものであり、様々な思いや願いが込められていることに気づく機会に繋がります。最後にカードを作った時の工夫点や感想、さらには他の人のカードを鑑賞しての感想をまとめ、プロジェクトは終了します。

　このプロジェクト学習では、古代の人が伝えたかったことを想像する活動を通して、文字と絵の違いは何だろうか、地球上にはどんな言語や文字があるのか、文字や名前はなぜ必要なのか、名前に込められた意味や想いに子どもたちは気づいていきます。また、文字の持つ機能と働きを考えること、世界の言語と文字の多様性を知ること、それらとの比較を通した日本語の特徴に気づくこと、日本語がわからない相手を意識した作品作りをすること、言語や文字は違っても、与えられた名前は誰にとっても特別なものであることを、海外の作品を通して感じることができるようになっていきます。

プロジェクトについての解説

　ここでは総合的な学習の時間を利用して、文字に興味や関心を持ち、外国語を学ぶ動機づけにもつながるプロジェクト学習の実践を紹介しました。この「総合的な学習の時間」がどのように「外国語」の授業とリンクし、外国語における「深い学び」にどのようにつながるのかについて、見ていきましょう。

(1) 学習指導要領と深い学びの鍵となる「見方・考え方」

　学習指導要領（2017）には、「主体的・対話的で深い学び」を実現する
ための授業改善について、第1章総則で以下のように述べられています。

　　特に、各教科等において身に付けた知識及び技能を活用したり、思考力、
　　判断力、表現力等や学びに向かう力、人間性等を発揮させたりして、学習
　　の対象となる物事を捉え思考することにより、各教科等の特質に応じた物
　　事を捉える視点や考え方（以下「見方・考え方」という。）が鍛えられてい
　　くことに留意し、児童が各教科等の特質に応じた見方・考え方を働かせな
　　がら、知識を相互に関連付けてより深く理解したり、情報を精査して考え
　　を形成したり、問題を見いだして解決策を考えたり、思いや考えを基に創
　　造したりすることに向かう過程を重視した学習の充実を図ること。
　　（第3章「教育課程の実施と学習評価」第1節「主体的・対話的で深い学
　　びの実現に向けた授業改善」）

　この「見方・考え方」は、学習指導要領の中で各教科の目標の冒頭に記
されており、授業改善においてのキーワードであると考えられます。各教
科の「小学校学習指導要領解説」の中でも、「深い学びの鍵」として「見
方・考え方」を働かせることが重要であると述べてられています。では、
外国語科と総合的な学習の時間の「見方・考え方」はどのようなもので
しょうか。まずは総合的な学習の時間について見てみます。

(2) 総合的な学習の時間における「見方・考え方」

　「小学校学習指導要領解説 総合的な学習の時間編（2017）」では以下の
ように「見方・考え方」について書かれています。

　　各教科等における見方・考え方を総合的に活用して、広範な事象を多様な
　　角度から俯瞰して捉え、実社会・実生活の課題を探究し、自己の生き方を

問い続けるという総合的な学習の時間の特質に応じた見方・考え方を、探究的な見方・考え方と呼ぶ。それは総合的な学習の時間の中で、児童が探究的な見方・考え方を働かせながら横断的・総合的な学習に取り組むことにより、よりよく課題を解決し、自己の生き方を考えていくための資質・能力を育成することにつながるのである。

（第2章「総合的な学習の時間の目標」第2節「目標の趣旨」1「総合的な学習の時間の特質に応じた学習の在り方」（1）「探究的な見方・考え方を働かせる」）

　つまり、「見方・考え方」は、子どもたちが各教科で資質・能力を育成するために何をし、どのように捉え、それが何につながるのかといった、教科における方向性を示すものであると言えます。総合的な学習の時間では①各教科等における見方・考え方を総合的に活用、②広範な事象を多様な角度から俯瞰して捉える、③実社会・実生活の課題を探究、④自己の生き方を問い続ける、の4点が「見方・考え方」になります。そして、この「見方・考え方」を働かせて、教科等横断型の学習を行うことの必要性についても述べています。

　　横断的・総合的な学習を行うというのは、この時間の学習の対象や領域が、特定の教科等に留まらず、横断的・総合的でなければならないことを表している。言い換えれば、この時間に行われる学習では、教科等の枠を超えて探究する価値のある課題について、各教科等で身に付けた資質・能力を活用・発揮しながら解決に向けて取り組んでいくことでもある。

（第2章第2節1（2））

　また、「生活・総合的な学習の時間 WG 資料 3-1（2016）」では、総合的な学習の時間と他の教科とのつながりについて、次のようにまとめられています。

総合的な学習の時間において、各教科の見方や考え方を使うことで、多様な文脈で使えるようになるなど、各教科等の見方や考え方が成長し、各教科等の「深い学び」を実現する。

　今までも、総合的な学習の時間は探究的な学習を実現するため、「1. 課題の設定→2. 情報の収集→3. 整理・分析→4. まとめ・表現」の探究のプロセスがあり、学習活動を発展的に繰り返していくことが重視されてきました。この過程に、各教科の「見方・考え方」を取り入れることで成長し、各教科の「深い学び」にもつながるといえます。

(3) 外国語における「見方・考え方」

　次に、外国語科の「見方・考え方」は「小学校学習指導要領解説 外国語編（2017）」の中でどのように述べられているかを見てみます。

> 「外国語によるコミュニケーションにおける見方・考え方」とは、外国語によるコミュニケーションの中で、どのような視点で物事を捉え、どのような考え方で思考していくのかという、物事を捉える視点や考え方であり、「外国語で表現し伝え合うため、外国語やその背景にある文化を、社会や世界、他者との関わりに着目して捉え、コミュニケーションを行う目的や場面、状況等に応じて、情報を整理しながら考えなどを形成し、再構築すること」であると考えられる。（中略）小学校における外国語教育においては、先に述べた「外国語によるコミュニケーションにおける見方・考え方」のうち、「外国語やその背景にある文化を、社会や世界、他者との関わりに着目して捉える」点を重視すべきであると考えられる。
>
> （第2章「外国語科の目標及び内容」第1節「外国語科の目標」）

　外国語では①外国語やその背景にある文化を、社会や世界、他者との関わりに着目して捉える、②コミュニケーションを行う目的や場面、状況等

に応じて、情報を整理しながら考えなどを形成する、③（考えなどを）再構築する、の３点が「見方・考え方」になると考えられます。その中でも①外国語やその背景にある文化を捉えることを、小学校の段階では重視すべきであると述べています。

　しかし、学習指導要領の内容をみると、英語の特質を踏まえた「聞くこと」「読むこと」「話すこと［やり取り］」「話すこと［発表］」「書くこと」の５つの領域別に設定された目標の実現を目指すことがメインであり、外国語やその背景にある文化について触れる具体的な記述は見当たりません。これは、「見方・考え方」は資質・能力を育成するための教科の方向性を示し、「深い学びにつながる鍵」であるにも関わらず、外国語科においては「見方・考え方」によって育成されるはずの「資質・能力」が軽視されてしまうのではないか、と危惧されます。つまり、小学校における外国語教育においては、「外国語やその背景にある文化を捉える点を重視すべき」とされてはいますが、実際は英語の技能を踏まえた５つの領域別の目標に書かれている内容を理解し、習得することに大きな比重が置かれています。そのため、限られた授業時間の中で「外国語やその背景にある文化」を扱うことは、内容的にも物理的にも困難な状況である、と言えます。

(4)　総合的な学習の時間をうまく利用する

　総合的な学習の時間においては、各学校でその目標と内容を決めることになっています。つまり、各教科等のように、どの学年で何を指導するのかという内容は学習指導要領には明示されていません。

　そこで、総合的な学習の時間の特徴を生かし、「外国語やその背景にある文化を、社会や世界、他者との関わりに着目して捉える」という、小学校で最も重視すべき外国語科の「見方・考え方」を加えて、授業を計画することを考えてはどうでしょうか。そうすれば、「探究的な見方・考え方」とともに、「外国語のコミュニケーションにおける見方・考え方」を発展

させることが可能となります。このような学習は、外国語科での深い学び
にも繋げることができるし、さらに、学習指導要領の外国語の中では具体
的な記述がない「学びに向かう力・人間性等」にも繋がると期待できます。

4. 鉛筆の適切な持ち方指導のヒント集

本節では、書くために重要な鉛筆の持ち方の指導の実際について報告します。

アルファベットがうまく書けない場合、鉛筆の適切な持ち方が身についていない可能性があります。もし、子どもたちがうまく鉛筆を操れないとしたら、その原因は鉛筆の正しい持ち方を指導されなかった可能性があります。鉛筆の正しい持ち方を習得できるまで指導されないと、子どもは持ち方が崩れてしまい、独自の持ち方となってしまいます。

鉛筆を適切に持つことはとても大切です。その理由は以下の通りです。

① 鉛筆をうまく支えられないため、余計なところに過度な力が加わり、長時間鉛筆を持ち続けると疲れてしまう。

② 鉛筆を思い通りに動かすことができず、字の形が整いにくい。

③ 指に正しく力が加わらないため、筆圧が弱い。

④ 自分の書いた字が手で隠れて見えないため、文字を見ようとして目（顔）がノートに近づき、姿勢が悪くなる。

適切な鉛筆の持ち方を知らず、思い通りに操作することができなければ、アルファベットだけではなく、日本語の文字もうまく書くことができません。また、低学年だけではなく高学年になっても、あるいは、大人でも適切な持ち方をしていない人がいます。ということは、年齢が上がり文字を書く経験が増えると、自然に鉛筆を正しく持てるようにはならない、ということです。鉛筆の持ち方を正しく指導し、定着するまで指導を続ける必要があります。

① 鉛筆の適切な持ち方の指導

基本は親指、人差し指、中指の3本で三角形の隙間を作り、その中に鉛筆が収まり安定させることです。①親指と人差し指で挟み、中指は支える

方法を提案するものもあれば、②親指、人差し指、中指の３本で挟む方法、③人差し指、中指を意識し、親指は添える程度など、３本の指の使い方が微妙に違う指導方法がみられます。

この３本の指の位置関係を意識できる三角鉛筆や、鉛筆に装着して使う補助具も市販されています。適切な鉛筆の持ち方が定着するまでは、このような教具を常に利用できるようにし、教室での使用を推奨するのは有効な方法です。

また、鉛筆を適切に持てない原因の１つとして、鉛筆を正しく持つための

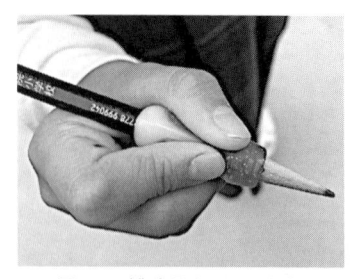

図32　補助具をつけた鉛筆

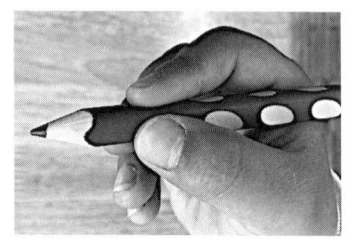

図33　持ちやすい工夫のある鉛筆

手や指の筋肉が、まだしっかり発達していない可能性があります。細かい作業をするために必要な手と指の運動能力がきちんと発達していないと、鉛筆を思い通りに動かすことが難しくなります。低学年の子どもであれば、鉛筆の正しい持ち方を指導しながら、親指、人差し指、中指の３本をうまく動かす運動能力を鍛える必要があります。このような指先の運動能力を鍛える方法は、インターネットで「ファインモータースキル」「微細運動能力」で検索すると、日本語のページで情報が得られます。ここでは簡単に始められるものをいくつかご紹介します。以下の活動は授業時に行うことは難しいですが、休憩時間や放課後などでもできますし、子どもだけでもでき、家庭に協力を頼むのも良いでしょう。

① ゴムのボールやスライムボールで握力を鍛える

利き手でゴムボールを持ち、力を入れて握ったり、力を緩めて離したりする練習です。この時に、手の指に力を入れて握りながら５秒間くらい"squeeze"（握る）と英語を言い続けます。"Squeeze, squeeze,

squeeze, squeeze, squeeze…"と言っていっている間は、指に力を入れてボールを握り続けます。そして "Let go." または "Open." と言って、手の力を緩めます。これを片手で5セットくらい行います。英語で"squeeze"（握る）/ "let go"（離す）/ "open"（離して）/ "close"（握って）counting: 1, 2, 3…" の掛け声をすることで、英語の語彙を自然に増やすこともできます。

図34　ボールを持って鍛える

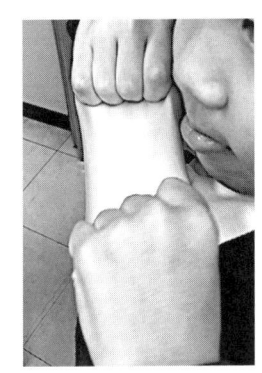
図35　スライムボールの図

② 輪ゴムをつまんで、親指と人差し指を鍛える

　人差し指と親指を意識して、輪ゴムを使うようにします。缶ジュースやボトルに色々な種類の輪ゴムをかけます。輪ゴムは幅が広いものを使うと、より力を入れることが必要になります。輪ゴムを1本ずつ人差し指と親指でつまんで、空き缶からはずすという練習です。ここでも "thumb"（親指）/ "pointer"（人差し指）/ "pull"（引っ張る）/ "take off"（はずす）/ "put on"（つける）など英語で掛け声をかけると、練習しながら自然に英語の言葉を覚えるきっかけになります。

③ 洗濯バサミで親指と人差し指を鍛える

　洗濯バサミをつまむ時の動作を利用して、親指と人差し指の運動能力を鍛えます。洗濯バサミを開き続けるためには、親指と人差し指に力を入れ続ける必要があるため、筋肉が鍛えられます。洗濯バサミで小さいボール

やポンポンをつまんで、移動させるというアクティビティです。ボールやポンポンに色がついていれば、色を確認して同じ色を同じ容器に集めたり、決められた順番で並べたりできます。その際に"What color?" / "Make groups."

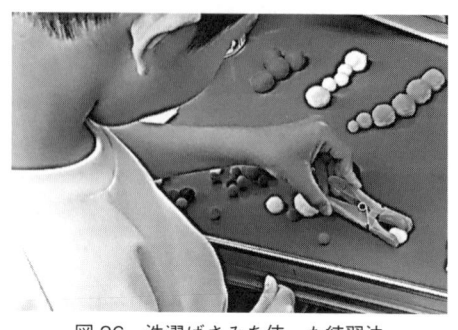

図36　洗濯ばさみを使った練習法

/ "How many?" / "Sort." と、子どもたちに英語で指示しながら練習を促すことができます。

④ モールとビーズを使って、指先を細かく動かす

　最後に、針金のモールとビーズを使った方法も紹介しましょう。ビーズをモールに通すアクティビティです。サイズや色の違うビーズを順番に通したり、自分で好きな順番に並べて通したりして、作品を作ります。小さいビーズをつまんで、その穴にモールを通すという作業も、モールを結んでビーズが落ちないようにする作業も、手先がうまく動かないとできません。作品を作る事を通して、指先の運動能力を鍛えることにつながります。

　以上、道具を用いて指先の筋肉を鍛える活動を紹介しましたが、道具を準備しなくても、普段の生活の中で子どもたちは指先の運動能力を自然に鍛えています。例えば、靴紐を結ぶ練習、ハサミで切る作業、紙を小さくちぎる作業、洋服のボタンをかける・外す動作など、日常生活の様々な活動や色々な道具を使って遊ぶ経験も、子どもの手の繊細な力を育成することに繋がっています。

第4章

ローマ字学習と
英語の読み書き指導の橋渡し

　ここでは、ローマ字を習得した後に、ローマ字の知識を有効活用してローマ字指導から英語への橋渡しをすることで、読み書きの指導がパワーアップし、短時間学習が可能な活動例を提案します。音韻とスペリングを関係づける指導に慣れていない先生の場合、できる範囲で提案する活動例を参考にしてください。全て実践するのではなく、自分の技量に合わせて活動を選んでも良いでしょう。ローマ字の丁寧な指導は、第1章と第3章を参照してください。

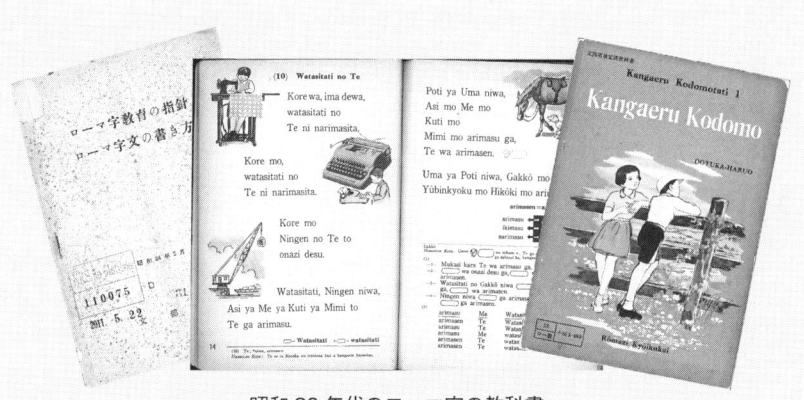

昭和20年代のローマ字の教科書
（資料提供　くろしお出版）

1. 橋渡しのための3つのコツ

第1のコツ：ローマ字の習得は英語学習の助けになることを知る

　英語を指導される先生の中には、子どもがローマ字学習をすることを好まない方がおられます。「"I have a *doggu*." "I like *kyattu*." と、ローマ字書きをする子どもがいる。ローマ字指導などない方がいいのに。」とこぼされる先生もおられます。しかし、ローマ字は英語学習の「手掛かり」として、ポジティブな効果を持つのは間違いないと言えるでしょう。もちろん、英語との違いを伝えることも必要です。子どもたちがローマ字と英語の違いを楽しめるような取り上げ方をすることで、日本語の音にも英語の音にも敏感に反応することができるようになります。

　ローマ字の読み方を習得していると、初見の英単語を読む時に手掛かりになることがあります。例えば、ローマ字がわかっている子どもは、初めて見る英単語でも banana, pen, piano, pizza, tomato, radio, go, hen, man, no, ten, zero, onion, opinion, arena などは、問題なく読むことができます。ただ、すべての英単語をローマ字の規則だけで読むことはできません。bat, cap, dog, egg, film, fish, go, hand, ink, jet, king, long, milk, not, orange, queen, parade, ping-pong, point, red, stand, unit, west などを示すと、ローマ字の読み方と同じようだけど英単語の音は違うと、子どもたちに気づかせることができます。ここから、「どう、ローマ字と英語の同じところと違うところがわかった？ローマ字の規則だけでは英語の単語は完全には読めないけれど、かなりのヒントになるね。英語の発音ができるようになるには、英語の音と文字の関係を学ぶことが重要だよ。そうすると、英語を読んだり書いたりすることが楽になるから。」と順を追って指導することで、英語の学習に対しての動機づけになるでしょう。

　また、「英単語を読むときに、不必要に母音を挿入するローマ字読みで

読む子どもが多くて困る。」という意見もよく耳にします。スペリングを
ローマ字書きしたり、発音がローマ字読みになってしまうのは日本人学習
者によくありがちな現象ですが、適切な指導があれば正しいスペリングで
書けるようになり、より標準的な英語の発音になっていくものです。ロー
マ字学習の欠点をあげつらうより、英語学習の助けになることを意識して
指導される方が効果的です。

第2のコツ：ローマ字読みを少しずつ減らす指導を知る

　ローマ字学習で学んだことを英語学習に活かしていくには、段階を追っ
て少しずつ指導を進めていくと、子どもたちは理解し易くなります。以下
に、指導例を紹介します。

①ローマ字学習の段階で、日本語の音は子音と母音の組み合わせでできて
　いることを指導します。まず、子音のみ（/k/, /s/, /t/, /n/, /h/,
　/m/, /y/, /r/, /w/, /g/, /z/, /b/, /p/）で発声し、その後、母音
　（/a/, /i/, /u/, /e/, /o/）をつけて発声してみることで、日本語の音が
　子音と母音の組み合わせであることを理解させ、子音と母音について意
　識づけておくと良いでしょう。

②英単語をある程度学んだ段階で、上記で説明したようにローマ字と英単
　語では、スペリングが同じものと違うものがあること、スペリングが同
　じでも発音が違うものがあることなどを意識させます。以下の例のよう
　な活動を通して、英語の音韻意識を高めていきます。

①スペリングが同じものと違うものがあることへの意識づけ
　ⅰ．スペリングが同じ単語（例：banana, pen, tomato）を黒板に書
　　　いたり、カードなどで提示します。
　ⅱ．先生はそれらの単語を日本語読みと英語読みの両方で聞かせ、子ど

もたちに英語の音のみをリピートするよう指示します。

iii．ローマ字と英語の音の違いをどう思ったかについて、グループで話し合わせます。

②よく使うカタカナ語で、スペリングも音声も違うことへの意識づけ

（身近なカタカナ語を使い、ローマ字と英語のスペリングと音声を示し、両者の違いを考えさせて音韻意識を高める指導）

i．ローマ字と英語のスペリングを左右に離して黒板に書くか、あるいはカードを用いるなどして提示します。シンプルなものから少しずつ複雑なものへと、難易度を少しずつ上げていきます。

[batto, bat], [pointo, point], [tento, tent], [hando, hand], [inku, ink], [pinku, pink], [doggu, dog], [kyappu, cap]

[miruku, milk], [huirumu, film], [rongu, long], [meron, melon]

ii．先生が日本語と英語をそれぞれ発音した後、子どもたちに英語のみをリピートするよう指示します。

iii．先生が日本語か英語をどちらかを発音し、子どもたちにローマ字か日本語かを当てさせ、次に日本語の発音と英語の発音がどう違うのかを考えさせます。

この指導により、カタカナ語はそのままでは英語としては通じないこと、きちんとした発音を学ぶ必要があることを理解させます。同時に、意味がわかるカタカナ語は英単語の量を増やすために役立つことも理解させます。

第3のコツ：オンセットライムの指導を知る

ローマ字は日本語をアルファベットで表した日本語です。従って、スペリングと音韻の関係は規則的です。英語は 26 文字のアルファベットが使われますが、その 26 文字の名前の読み方を覚えただけでは単語を読むことができません。そこで、英単語が作られている簡単な規則を理解する指導法を紹介します。一音節の英単語は、最初の子音（群）（オンセット）とその後の母音と語群グループ（ライム）に分けることができます。逆に言うと、一音節の英単語はオンセットとライムの合成によって、できているということを理解させることができます。それが英単語のスペリングと音との関係です。

　例えば、sing は、最初の s がオンセットで、ing がライムです。street は、str がオンセットで、eet がライムです。上記しているように、単語をオンセットとライムに分解（セグメ

オンセット	ライム
s	ing
str	eet

ンテーション）したり、音素をつなぎ合わせる合成（ブレンディング）を意識できると、音韻とスペリングの関係を理解しやすくなります。

　ここで、ローマ字を学習済みの子どもに対して 15 分程度の短時間学習でできるオンセットとライムを学ぶアクティビティを紹介します。その前に、このアクティビティはフォニックス指導と関連しますので、必要に応じて第 2 節の「フォニックス指導」を参照して下さい。

［アクティビティ 1］　オンセットとライムで遊ぼう―基礎編
　①子ども 1 人に 1 個のオンセットかライムが書いてあるカードを渡します。
　②先生は、スペリングが書いていない、またはスペリングを隠した絵カードを見せて単語を発音します。
　③子どもたちは、絵カードと発音した単語を聞いて、その単語のオンセットとライムを持っている子どもが教室の前に出て、単語を作ります。
　④例えば、cup の絵を見せながら先生が ［cup］ と発音したら、/c/ と

/up/ を持っている子どもが前に出てきて、[cup] ができることを示します。

[アクティビティ 2]　オンセットとライムで遊ぼう―発展編

　フォニックスを学習しているとすれば、それに慣れてきた頃、4〜5人のグループで活動します。与えられたオンセットとライムを使って、単語を出来るだけ多く作り、それらを紙に書いたグループの勝ちです。例えば、以下のオンセットとライムを用いると、比較的簡単に例のような3文字グループの単語を作ることができます。3文字グループで単語作りのコツがわかったら、後のページにある4文字、5文字のグループの単語を混ぜて行いましょう。

　　＊オンセット：/b/ /c/ /d/ /h/ /p/ /r/ /s/ /z/

　　＊ライム：/ed/ /ig/ /ox/ /oy/ /us/ /an/ /ap/ /ar/ /at/ /up/ /ay/
　　　　　　　/og/ /ot/ /en/ /un/ /ix/ /oo/

【3文字グループの例】

bed, big, box, boy, bus, can, cap, car, cat, cup, day, dog, hot, pen, run, six, sun, zoo

[アクティビティ 3]　オンセット当てクイズ―基礎編

　　＊クイズ形式で行います。クイズで使う単語リストを印刷して配布します。このような語のリストを配るときは、ABC 順に単語を配置すると探しやすいので、ABC 順を覚えることが便利だという意識を育てます。

　　＊4名から6名のグループで学習します。ローマ字がわかっていれば、3文字グループの単語はそんなに難しくないでしょう。難しいと思われる単語は外されて結構です。

①先生は配布した単語リストの模範読みをし、その後、子どもたちは先生の発音をリピートします。グループごとにメンバーがきちんと発音でき

るか確認して、できていない場合は、子どもたちのグループの中で教え合います。

②クイズの開始です。

（初歩レベル）先生は、与えた単語のリストから1つ取り上げ、初めの子音だけを2回読んで、ほんの少し間を開け、そのままライムを読みます。例えば、取り上げた単語が big であれば、/b/, /b/… /ig/ と読みます。そして単語を書くように言います。

（発展レベル）最初から big と読みます。そして、オンセットだけを書くように指示します。

③子どもたちはグループで話し合って、聞こえてきた情報をもとに答えの単語をリストから探し出し、準備物として先に配られている白紙に書きます。②の例では、（初歩レベル）big と書くのが正解です。（発展レベル）b と書くのが正解です。

このクイズは、4文字、5文字、6文字グループの単語で行うこともできます。ただ、オンセットがない母音で始まる語や February などの2音節以上の単語、Sunday などの複合語は避けましょう。

また、フォニックス指導を用いずに、多様な活動の中で音と文字の繋がりを意識させ、子どもの多様な個性に合わせて関心を持たせるような、例えば多感覚を使う活動を可能な範囲で少しずつ導入することも効果的です。例として、*We can!* や *Let's try!* などの教材（移行措置期間用）にはアルファベットジングル（アルファベットが繰り返しのメロディー風になっているチャンツ）があります。文字を見ながら読む効果だけでなく、チャンツで自然に文字の音読みを意識する効果も期待できます。他にも、インターネットの動画サイト（You Tube など）にもフォニックスの歌やチャンツがたくさんアップされていますので、それを利用することもできます。

2. フォニックスの指導

　フォニックスとは、英語を母語とする子どものために考案された、アルファベットの音を文字に結びつけるためのルールのことです。日本語のひらがな、カタカナは音と文字が一致していますが、英語のアルファベット 26 文字は、名前と音が一致していません。例えば、k の名前は「ケイ」ですが、音は「クッ」となります。文字は 26 個ですが、音は約 42 種類、もっと多いという研究者もいます。しかも 2 文字で 1 音を表したり、同じ文字が複数の音を表したりするため、習得には母語話者である子どももかなりの時間をかけます。フォニックスはこの音と文字の指導に効果を発揮するわけです。ひとたびルールを覚えてしまえば、かなり自在に読めるようになり、書けるようにもなります。

　小学校の英語が導入されたこの段階で、日本の子どもにもフォニックスの学習法を取り入れてみては？　というのが本節の提案です。もちろん、英語を母語とする子どもと同じルールや学習法を採用するわけにはいきません。幸い、オリジナルのフォニックスに改良が加えられ、外国語学習者にも適用可能な学習方法が開発されていますので紹介します。しかし、その前に、心得ておく必要がある事柄について一言述べておきましょう。

　英語を母語とする子どもは、生まれてから数年の間に、周囲の人から音声を通して量的・質的に十分なインプットが与えられてきているので、フォニックス指導によって音と文字の関係を系統的に身につけやすくなります。しかし、インプットが圧倒的に不足する日本の英語教育では、フォニックスをいきなり導入することはできません。導入の前には、歌やチャンツ、絵本や童話の読み聞かせなどによって、英語の音に慣れ親しませ、アルファベットの文字を視覚的にも識別する練習をしておく必要があります。日本の中学校でフォニックスが普及しない理由の 1 つは、このような活動をするには時間的な制約があり、活動内容と学齢が不適合であることが考えられます。一方、小学校で行うことは、ほとんど抵抗がないと考え

られます。さらに、文字について初学者である子どもに対して、ひらがなの文字指導の経験が豊富な小学校の先生は、フォニックスも同じように指導できる可能性が大いにあります。例えば、文字の音と形の指導、その音がつながって単語になる仕組み、その音がどの場所についているかに注目する指導は、ひらがなの文字指導と非常に似ているからです。

　フォニックスの指導を行う上で、大きな障害の1つと考えられることは、教師が文字の発音について自信が持てないことにあると考えられます。しかし、フォニックスの指導を通して、教師の発音も良くなっていく可能性が十分にあります。現状では小学校におけるフォニックスの指導は、実例が少なく未熟な状態ですが、将来的にはこれからの発展が期待される分野でもあるとも言えます。

　さて、フォニックスについて書かれた本はたくさんあります。その中から、小学生を対象とした指導について書かれている本をいくつか紹介します。

『はじめてのジョリーフォニックス ―ティーチャーズブック―』

ジョリーラーニング社（編著）、山下 桂世子（監訳）　東京書籍（2017）

　英語の基本となる全42音と綴りを、シンプルかつ効果的に指導するための、世界でいちばん使われている信頼度 No.1 のマニュアル。付録として、本書の活動に必要なすべての音声が収録された CD 2枚、「音の復習」をするためのフラッシュカード、「お話」「音の聞き取り」に使用する絵本がついています。実際に学習者に指導するには、本書に準じた学習者用ワークブック『はじめてのジョリーフォニックス ― ステューデントブック ―』が必要です。（東京書籍一般書籍詳細より引用）

『フォニックスってなんですか？　発音確認 エクササイズ用 CD 付』

松香 洋子（著）、及川 友枝（編集）、堀 その子（イラスト）　mpi（2011）

日本の児童英語教育のパイオニア松香洋子のフォニックス本

「フォニックスってこういうものだよ！」がわかる本。

84 のフォニックスルールと発音を基礎から丁寧に学べます。

7 つのフォニックス・ルールとそれぞれの音について、口の形から息の出し方までイラスト付きで説明。付属の音声 CD を使って学習することで、フォニックスルールと発音がマスターできます。

高校生〜保護者、英語指導者まで、英語に関心のある全ての方に読んで頂きたい本。

この本は

①フォニックスの概念と効用について知る

②フォニックスのルールを学ぶ

③フォニックスのルールを CD の正確な発音を聞いて練習する

の 3 つで構成されています。（mpi オンラインストアより引用）

『エンジョイ！　フォニックス 1 上巻：英語が聞ける・読める・できる！』

吉田 晴世（著）、田縁 眞弓（著）、泉 惠美子（著）、加賀田 哲也（著）　受験研究社（2016）

○フォニックスとは、つづりと発音との間の規則性を理解し、正しい読み方を学習する方法です。この学習方法によって、発音とともに小学校で出てくる英単語を書けるようにします（音声データ別売：500 円＋税）。

○本書（①上巻）の学習の順序

1. 発音とともにアルファベットとその書き方（大文字・小文字）を覚えます。
2. アルファベット4つずつ（最後2回は5つずつ）を1単元として、聞こえてくる英単語の音声からつづりと意味が書けるようにします。
3. 似た発音をするアルファベット（bとp、lとrなど）から始まる英単語の音声を聞き分けられるようにします。

4. 似た発音をするつづり（am, an, ap, at など）で構成された英単語の音声を聞いて、英単語のつづりと意味がわかるようにします。

（増進堂・受験研究社より引用）

『CD付き　正しい発音が身につく！　書いて覚えるはじめてのフォニックス』

齋藤 留美子（著）、齋藤 了（著）　ナツメ社（2017）

近年注目されている英語の学習法『フォニックス』は、読み方のルールを覚えることで、発音をぐっと向上させることが出来るというもの。本書は「文法は理解できても発音には自信がない」という方に向けて、フォニックスを書き込みながらネイティブの発音を身に付けることができる1冊になっています。

◆英語の発音の謎を解き明かす魔法のルール『フォニックス』

◆日本人に合った学習法で、ネイティブの発音をマスター！

◆「書く⇒発音する」のサイクルで、ぐんぐん身につく！

（ナツメ社書籍詳細「内容紹介」より引用）

『読み書きが苦手な子どものための英単語指導ワーク』

村上 加代子（著） 明治図書（2018）

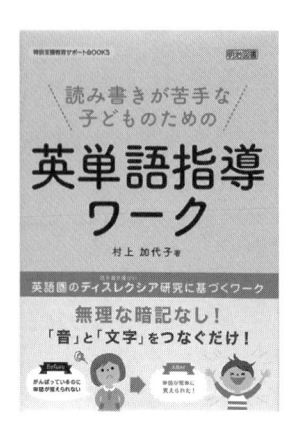

　無理な暗記なし！　指導法を変えれば子どもが変わる！

　英語圏のディスレクシア研究に基づいた、「音」と「文字」の対応関係をビジュアルに示す指導法を日本向けにアレンジ。教科書がすらすら読めない、スペリングが覚えられない…と悩んでいた LD の子どもたちの読み書き指導において実際に効果があったワーク集です。（明治図書より引用）

　インターネットで学ぶ

　ここではフォニックスについて日本語で学ぶことができるサイトをいくつか紹介します。

　『元気フォニックス』GENKI ENGLISH

　http://genkienglish.net/eigo/phonicsj

　『あいうえおフォニックス』Rivertime Entertainment Inc.

　https://aiueophonics.com/about.html

用語解説

あ

アウトプット
(output)

アウトプットは、自分の考えを外に向けて表現することです。技能別にみると、書くことと話すことがそれにあたります。

足場架け
(scaffolding)

次のステップへ足場を架けるように、子どもの発達（学習）に介入し過ぎない程度に、適切な援助やアドバイスを与えることです。

アメリカの標準的発音
(General American)

元々は、中西部の訛りでしたが、ハリウッドで作られた映画によって、その訛りが普及し、アメリカ合衆国の英語母語話者の３分の２程度が話すと考えられている発音です。この用語に含まれていない訛りは、東部ニューイングランド、ニューヨーク市、アメリカ南部の地方訛りです。

アルファベット
(alphabet)

古代に、地中海地方で発明され、その後、ギリシャにわたり、ギリシャ文字になりました。ギリシャ文字の最初の２文字をアルファとベータと呼ぶので、アルファベットという言葉ができました。

一斉書き

ある文字を指導するとき、先生は子どもに向かって、空書きをします。それを見ながら、子どもたちが一斉に書く指導のこと。

インプット
(input)

インプットは、知識や経験を自分の中に取り込むことです。技能別にみると、読むことと聞くことがそれにあたります。

運用能力

運用能力とは使う力です。言語の場合言語運用能力と言われます。これとよく混同されるものにコミュニケーション能力があります。この能力は、

	言語運用能力に加えて、ジェスチャーや顔の表情、アイコンタクト、声などを効果的に使いコミュニケーションをする力です。
英語のリズム	英語の単語はシラブル（syllable）で構成されています。シラブルは、1個の母音の前後に子音があるか、その母音単独で構成される音声群です。単語は、シラブルの組み合わせで、できています。複数のシラブルでできた単語は、強く発音されるシラブルとそうでないシラブルがあります。強く発音されるシラブルをストレス（強勢）があると言います。また、文レベルでは、意味的に重要な単語は強く発音され、あまり重要でない単語は弱く発音されます。このように英語は強く発音されるところと弱く発音されるところがあるので、リズム（強弱）が生まれます。
英語母語話者 （English native speaker）	Kachru の図の中核の円（主に英国、アメリカ合衆国、カナダ、オーストラリア、ニュージーランド）で、英語を話す環境で生まれ育った人。
オンセットライム	音韻意識には、小さい単位から順に、①音素、②オンセット（onset）とライム（rime）、③音節（シラブル）があります。英語圏では音韻認識能力がある子どもは単語認識能力、またはリーディング能力が伸びるとの報告があります。

か

外国語 （foreign language, FL）	言語教育における外国語とは、学校で勉強はするが、学校以外の社会生活では使われていない言語のことです。日本での英語の場合は外国語で、L2とは言いません。しかし、海外留学や研修などで生活しながらその国の言語を学びながら使う場合、その国の言語は L2 と言われます。

鏡文字	鏡に映したように、上下の方向はそのままで、左右が反転した文字。
学参欧文（正体）	学習指導要領の「代表的な字形」に準拠して英語学習に用いられている、主にヨーロッパ諸国で使われるラテン文字（アルファベット）の書体を指します。
学習指導要領	文部科学省が告示する初等教育（小学校）および中等教育（中学校と高校）における教育課程の基準です。ほぼ10年ごとに改訂されます。2011年度に実施された学習指導要領に、小学校5・6年生に外国語活動の時間が設けられました。2020年度に実施される指導要領には、3・4年生に「外国語活動」を週1時間（年間35コマ）行い、小学5・6年生は「話す」「聞く」「読む」「書く」を含めた「外国語」を正式な教科として週2時間（年間70コマ）行うことと定めています。
慣用句（idiom）	2語以上の単語によって構成された句です。習慣的に広く使われてきたものが多く、文字どおりに訳すと通じないものがあります。例えば、"It's a piece of cake." は「簡単だよ」の意味です。
教室英語（クラスルーム・イングリッシュ）	英語の授業の中で用いる、授業を運営していく上で適切な英語です（指示やコメントなど）。教室英語の主な目的として、「英語の授業の雰囲気づくり」「英語を聞く・話す環境づくり」「英語を通したコミュニケーションを実感・体験し、自信に繋げる」「英語を使う意欲を高める」などが挙げられます。
強勢（stress）	強く発話する部分。詳しくは「英語のリズム」を参照して下さい。
訓令式とヘボン式	訓令式は、日本語の音の大半を母音と子音の2文字で表すことができ、読み書きがしやすい利点を持ちます。一方、ヘボン式は幕末に来日した米国人宣教師ヘボンが考案した方式で、英語風の読み

	書きに便利です。国語教育では、ローマ字を原則的に訓令式で教えることになっています。ただ、名前や地名など実際の表記は圧倒的にヘボン式で、パスポートもヘボン式です。自分の名前や地名はヘボン式で書けるように指導する必要があります。
言語活動	英語教育では、英語を理解し、英語で表現できる実践的な運用能力を育成する観点から、「聞くこと」「話すこと」「読むこと」「書くこと」の4技能5領域にわたり、実際に言語を使用して互いの考えや気持ちを伝え合うなどの学習活動や、文法事項等の言語材料について理解したり練習したりする学習活動をさします。
言語共同体	ある地域に共同生活を営み、コミュニケーションを行っている人々の間には、言語の面において等質な言語規範が行われていると想定されます。その社会の構成員の集合体のことです。
語彙 （vocabulary）	基本的には、ある特定の範囲の語の総称です。学ぶための語彙を学習語彙といいます。外国語学習では、学ぶ時間が限られているために、学習の経済性と効率を考える必要があるので、指導要領で基本語彙数を決めます。
公用語	法律の条文、標識や表示、公共のアナウンスなど、公の場で使用が定められている言語。
国際共通語としての英語	英語は、話される地域が広がり、アメリカ英語やオーストラリア英語など変種がいくつか生まれました。そして、その影響力の大きさから、英語を話す人口としては、英語母語話者以外の人の方が英語母語話者よりも多くなりました。そうなると、いまや英語は英語圏の話者と話すためだけでなく、ノンネイティブ同士でコミュニケーションをとるため共通語の役割が重要であると考えられるようになりました。

語順 (word order)	文や句のなかで句や語が並ぶ順番のことです。主語 (S)、目的語 (O)、動詞 (V) の語順で考えると、世界の言語では、SOV 型と SVO 型が並んで多く存在します。日本語は SOV 型で、英語は SVO 型です。
語族 (language family)	ご先祖となる 1 つの言語から枝分かれしてできたと考えられ親戚関係があると言われる言語グループのことです。世界中のほとんどの言語は、語族に分類されると言われますが、ほぼ確実に証明されている語族は 3〜4 程度です。ヨーロッパの言語はほぼ 1 つの語族（インド・ヨーロッパ語族）に含まれます。

さ

子音 (consonant)	子音とは舌、歯、唇、声門で空気の流れを妨害することによって発する音です。妨害ですが、/m/ は唇を、/n/ は鼻を閉鎖したまま共鳴させて発音したり、/f/ /s/ のように、息の通り道を狭くすることによる息の摩擦による音などです。
述語	日本語の文章は、主語と述語で構成されています。主語は、「何が（だれが）」に当たる文節であり、省略されることもあります。主語の後に来るのは、述語であり「ある、いる、どんなんだ、どうする」に当たる文節で、ふつう文の終わりにきます。
受容語彙 (receptive vocabulary)	受容語彙はリーディングやリスニングの活動で出会った時に意味がわかる単語です。
生涯学習 (life-long learning)	外国語の習得は、短期間でできるものではありません。時間をかけ、必要が出たら、または興味がわいたら、外国語学習に挑戦し、生涯を通していろいろな言葉を持つ人とコミュニケーションをして理解していこうという考え方です。

小学校外国語活動・外国語研修ハンドブック（基本編）	文部科学省作成の、学習指導要領（2017）を具現化した小学校外国語活動・外国語科の研修用指導手引きです。小学校教員が新しい外国語教育について理解できるよう、「基本編」「授業研究編」「実践編」「実習編」「理論編」「研修指導者編」の6つのカテゴリーに分け整理されています。本書を実践的に活用できるように、「実習編」の音声を収録したCDが付属され、また、「発音トレーニング」の動画も一般公開されています。
スモールトーク（small talk）	まとまりのある英語を聞かせることで、英語を話す雰囲気を作ることを目的とした会話です。内容は世間話や雑談のような簡単なものです。授業の始まりに、英語であいさつしたり、先生が子どもに調子を聞いたり（How are you?）、天気や前日にしたことなどをたずねたりします。教師対子どもだけでなく、子ども同士でそのようなやりとりをすることが想定されています。
促音	「っ」の音。「つ」を小さく書いた詰まる音。
空書き	空中で、指を使って大きく文字を書くことです。指導者が子どもの方をむきながら、鏡文字となるように左手で筆順に沿って空中に文字を書き、子どもはそれに倣って同じく空中に文字を書きます。

た

第二言語（second language, L2）	第二言語は、初めに習得した言語（多くの場合母語）を第一言語（L1）とした場合、2番目に多少なりとも使えるようになった言語を第二言語（L2）と言います。続いてL3、L4となります。英語が公用語や通用語の国々では、英語がL2です。
第二言語習得	母語を第一言語と考え、母語以外の言語を第二言語と呼びます。第二言語習得とは、その習得です。

	英語が第二言語の場合は English as Second Language（ESL）と呼びます。
濁音	「ガ行」、「ザ行」、「ダ行」、「バ行」のように濁る音。
チャンツ （chants）	英語は、高低のピッチで表現する日本語と異なり、強弱のリズムで発音します。チャンツは日本語とは違う「英語らしい発音とリズム」を体感させるのに優れています。歌のように単語や文をリズムに乗せて言ってみることで、「音の塊」「イントネーション」「言葉のフレーズ」などを体感させることができます。
通用語	社会生活で多くの人がコミュニケーションをする際にある程度使っている言語。

な

2 文字子音	ch, th, ph, ck, ng, wh など、子音が2つ連結して、一つの子音になるものです。

は

撥音	「ん」の音。はねる音。
発信語彙 （productive vocabulary）	心的語彙の一部で、ライティングやスピーキングの活動で使える単語を指します。
ヒエログリフ （hieroglyph）	ヒエログリフは古代エジプトで使われたエジプト文字3種のうちの1つで、聖刻文字とか神聖文字と呼ばれます。エジプトの遺跡に多く記され、フランスのシャンポリオンのロゼッタ・ストーン解読以降、読めるようになりました。象形文字ですが、表意文字より表音文字が多いことで知られています。
評価規準	評価の観点（子どもに：新学習指導要領では「知

	識及び技能、思考力・判断力・表現力等、主体的に取り組む態度」）を具体的に表した、子どもにつけたい到達目標です。
品詞	文法的な機能や形態などによって単語を分類したものです。英語では、主に8品詞に大別します：名詞、代名詞、形容詞、副詞、動詞、前置詞、接続詞、間投詞などです。日本語では主に7品詞に大別します：名詞、動詞、形容詞、副詞、接続詞、助動詞、助詞などです。
フレーズ（句） （phrase）	in the city のように2つ以上の語がまとまって、一つの意味をなす固まりのことです。最初の語の品詞によって、前置詞句、動詞句のように呼び名が異なります。
文構造	文章を分解すると、いくつかの要素に分かれます。ある文を作っている要素の組み合わせを文構造といいます。日本語の文構造は、主語と述語で構成されています。英語の文構造は、主語、動詞、目的語、補語のいずれかの組み合わせで構成されています。
ヘボン式	訓令式とヘボン式を参照
母音 （vowel）	母音は、発音するときに、声帯のふるえを伴う有声音です。息の通り道を、舌、歯、唇または声門で閉鎖はしませんし、息の通り道を狭くすることによる息の摩擦音を伴うこともありません。そして、ある程度の時間、音が持続します。
母語	母語は考えたり行動したりするときのベースになる言語と言えます。日本で生まれ、育ち、教育を受けた人なら、日本語は母語であり、また母国語です。
母国語	日本人であっても、外国で生まれ、または幼いころに外国に移住し、日常生活でも日本語をあまり

	使わず、外国の教育を受けて育った多くの人にとっては、日本語は母国語ですが、母語は育った外国の言葉になります。
ボディランゲージ （body language）	自分で意識してコミュニケーションをする相手に意思や気持ちを伝えるジェスチャーと異なり、ボディランゲージは、自分の意図とは関係なく、顔の表情や動作などで表れされるものです。

ま

マジック E （MagicE）	Silent E（単語の綴りの最後にあって音を持たない e）の1つです。ただ、そして MagicE がつくと、直前の母音の音が変化します。have, give, love, come, some のように日常的に頻繁に使われる単語と re で終わる単語以外の多くの単語は、（例：came, time, tube, scene, cope のように（e）の直前の母音が、アルファベット読みになります。
明示的指導	何か規則などを指導するときに、なんとなくわからせる（暗示的指導）のではなく、文法用語を使ったり、言葉による明確な説明をすることによって指導することです。

や

ユニバーサルデザイン	障害の有無、年齢、性別、国籍、人種等にかかわらず、全ての人が使いやすいもの、街、情報、サービスなどの設計、また、その考え方。
用法	言語教育では、語や文などの使い方を言います。挨拶の表現と言っても、夜に "Good morning." は、用法が間違っています。
4線	アルファベット（ラテン文字）を書いたり、形状

を表現したりする際にめやすとする 4 本の線のことです。各線や幅には、様々な呼称があります（see　第2部 第1章p.153）。

ら

リンキング（linking）

Nice to meet you. の meet you が、ミーチューのように発音されるように、単語の最後の音と次に来る語の最初の音が連結しておきる音の変化のことです。

ローマ字

アルファベットを、紀元 1 世紀ごろにローマで使いやすいように改良して、アルファベットの大文字ができました。ローマで改良されたので、ローマ字と呼んでいます。

あとがき

　小学校現場に、太陽を——

　私は、小学校外国語教育に関する研究をする上で感じたこと・考えたことについて、記録したり仲間と議論をしたりする為に、自身の SNS アカウントに随時文章を投稿しています。冒頭の一文は、2018 年 1 月末に、小学校現場への支援の在り方ついて問題提起した投稿の締めの一文です。

　ご存知、イソップ寓話『北風と太陽』をモチーフに、旅人を小学校教師に、適切な現場支援を太陽となぞらえた文脈での表現です。現場に提供される多くの情報や研修は、どこか現場教師の資質・能力の不足分を指摘する減点方式の内容であることが多いように思われ、それはまるで、冷たい風で旅人のマントを脱がしにかかる「北風」のように感じられたのです。しかし、それでは旅人はマントを剥ぎ取られまいと、一層かたくなに心を閉ざしてしまうでしょう。

　未曾有の外国語教育改革の渦中において、現場が本当に欲しているのは、今自分たちが取り組もうとしている外国語教育が、従前の小学校教育に溶け込んだとき、どんな素晴らしい化学反応を見せてくれるのかという希望的展望であり、現場教師が「今持っている強み」を最大限有効活用するような、加点方式の「太陽」の支援ではないでしょうか。

　本書は、私が思い描く「太陽」の支援の在り方の、現実的解答の 1 つと言えます。執筆陣は、長年小学校外国語教育の現場に携わってきた面々で、立場は違えど、みな現場教師の「今持っている強み」を信じながら本書の執筆に関わってきました。

　私を含めた現場教師たちは、日々の業務の合間を縫って、今ある文脈内

で実行可能な実践を探り続けてきており、その経験知を共有すべく、原稿執筆に当たりました。また、英語指導者・英語支援員の方々は、黒子に徹しながら現場支援をしてこられた立場から、現場の先生が中心になって進める授業の具体例を惜しみなく提供してくださいました。さらには、大学教員の方々は、その専門的知識をわかり易い言葉で提供しつつも、英語教育を現場に押しつけるのではなく、小学校教育に根ざした外国語教育が生まれることを強く願いながら、原稿執筆や校閲をしてくださいました。

本書は、そうした執筆陣の思いが形になったものであることを、この場を借りて、お伝えしておきたいと思います。

本書は、小学校教師向けに英語教育の「いろは」を指南する本でもなければ、簡単に真似できる英語授業案などの付け焼き刃的な知識を提供するものでもありません。例えるなら、現場教師が、小学校外国語教育という大海原に自ら漕ぎ出す為の、羅針盤であり、海図です。決して最良の航路を伝えるものではありませんが（そもそも、それはとても難しいことです）、進むべき大まかな方向を示し、気をつけるべき箇所を伝えています。忙しい航海（授業実践）のさなかに、適宜必要な箇所を手早く参照していただけるよう、どこから読んでも良い構成にしました。また、極力専門用語を用いず平易な言葉を選んであるのも、英語教育を専門としない大半の小学校教師にとって、わかりやすく使いやすい内容、そして、教師の授業を受ける児童たちの学びにつながる内容にすることが、現場目線の（そして児童目線の）支援になると考えたからです。

本書を読み終えた読者の皆様に、上記のような制作意図が伝わっていたら幸いです（もし、この後書きを、本編を読む前にお読みになっていたとしたら、期待を裏切らない内容であることをお約束します！）。ぜひ、本書を片手に、外国語教育の大海原に漕ぎ出してみてください。

本書を制作するにあたり、くろしお出版の長友賢一郎氏、同編集部の坂本麻美氏には、企画の立ち上げ段階から並々ならぬご尽力を賜りました。両氏が我々の主張に強く共感してくださり、惜しみない助言や叱咤激励を与えてくださったからこそ、この本は光を放つ機会を得ることができました。ここに、執筆陣一同を代表して、深く感謝の意を表したいと思います。本当に、ありがとうございました。

　児童目線の外国語教育授業実践を目指す、全ての小学校教師に、本書を捧げます。
　小学校現場に、太陽を——

2018 年 6 月　厚木市立厚木第二小学校教諭　成田 潤也

著 者 紹 介

〔編・著〕

酒井 志延（さかい・しえん）千葉商科大学商経学部教授。

桜の聖母短期大学助教授、千葉商科大学商経学部助教授を経て現職。

著書に『英語教師の成長』（2015，大修館書店）、『世界と日本の小学校の英語教育』（明石書店，2015）、『行動志向の英語科教育の基礎と実践』（2017，三修社）、『ベーシックジーニアス英和辞典』（大修館書店，2017)、『社会人のための英語の世界ハンドブック』（2018，大修館書店)、他多数。

〔校閲・著〕

久村 研（ひさむら・けん）田園調布学園大学名誉教授。

調布学園女子短大助教授を経て田園調布学園大学こども未来学部教授を2016年3月定年退職。英語教師の省察ツールである『言語教師のポートフォリオ（J-POSTL)』（JACET教育問題研究会，2014）：http://www.waseda.jp/assoc-jacetenedu/）の編者代表。主な編著書に『行動志向の英語科教育の基礎と実践』（三修社，2017)、『英語教師の成長』（大修館書店，2012）などの他、高等学校英語検定教科書十数点（東京書籍，1988〜2011）がある。

萱 忠義（かや・ただよし）学習院女子大学教授。

応用言語学博士（米国北アリゾナ大学）。応用言語学やコーパス言語学に基づき、英語4技能に対応するための語彙集を数多く出版。主な著書に『TOEFL® テスト フレーズで覚える英単語』（2014，学研教育出版）、『はじめて受ける TOEFL® テスト パーフェクト英単語』（2015，桐原書店）、『英語は英語で考える英単語3択問題100』（2017，くもん出版）、『やさしい英語のことわざ（1）日本語と似ている英語のことわざ』（2018，くもん出版）などがある。

〔執筆〕

安達 理恵（あだち・りえ）愛知大学地域政策学部教授。
学術博士。専門は外国語教育、異文化間教育。
著書に "The challenges in achieving globalization through English language learning in Japan", In Christina G. & Thomaï A. (Eds.), Current Issues in Second/Foreign Language Teaching and Teacher Development,（2015, Cambridge Scholars Publishing）、『小学校の英語教育─多元的言語文化の確立のために』（明石書店）、他多数。

阿部 志乃（あべ・しの）横須賀学院小学校教諭。
ジョリー・フォニックス公式トレーナー。旅行会社添乗員、日本語教師、児童英会話講師を経て現職。最近の論文は、「チョコレート・プロジェクト─チョコレートから世界の現実に目を向ける力を養成する外国語学習」『複言語・他言語教育研究』第5巻，69-78，2018.「小学校英語教育における LAP BOOK の指導と評価の試み」『言語教師教育』第5巻，115-129，2018.

樫本 洋子（かしもと・ひろこ）大阪教育大学および附属天王寺小学校非常勤講師。
最近の論文は「小学校中学年での教科横断型授業の実践報告─Life Cycle of Plants〜植物を育てよう〜を通して」『日本児童英語教育学会研究紀要』第36号，183-194，2017.「小学校外国語活動における読み書き指導の実践」『大阪教育大学教科教育学研究会　教科教育学論集』第17号，45-51，2018.

北野 ゆき（きたの・ゆき）守口市立さつき学園教諭。
ホテル勤務、専業主婦を経て現職。最近の論文は「教科横断型を利用したローマ字指導」『言語教育教師』第5巻，130-144，2018.

竹田 里香（たけだ・りか）姫路獨協大学・京都精華大学・大阪経済法科大学・大阪総合保育大学非常勤講師。
奈良育英高等学校、追手門学院大学大手前高等学校を経て現職。
その他、自宅英語教室、守口市小学校外国語活動支援員、寝屋川市外郭団体にて小学生および大人の英会話講師を担当。

土屋 佳雅里（つちや・かがり）東京都杉並区小学校英語講師。
J-SHINE トレーナー、上智大学短期大学部（非）、早稲田大学（非）。
指導者養成、各種教員研修にも携わる。
『小学校はじめてセット』（アルク，2009）、『教室英語ハンドブック』（研究社，2016）など。

成田 潤也（なりた・じゅんや）神奈川県厚木市立厚木第二小学校教諭。
小学校教育に軸足を置いた外国語の授業づくりと、その為の教師支援の在り方を研究し、発信している。直近の執筆論文に、「小学校外国語教育の定義―小学校教師の授業創造力からの視点」（『言語教師教育』Vol.5）がある。

長谷川 和代（はせがわ・かずよ）小学校英語教育支援団体 Friendly World 代表。
教育実践家として教員研修会講師、ワークショップを各地で行っている。最近の学会ワークショップは「外国語活動でクラス作り―英語＋道徳―」『第17回小学校英語教育学会（JES）兵庫大会要綱集』p.54, 2017.

松延 亜紀（まつのぶ・あき）甲南女子大学非常勤講師。
NPO 教育支援協会大阪専務理事、J-SHINE トレーナー。最近の論文に「教科横断型を利用したローマ字指導」『言語教育教師』第5巻, 130-144, 2018.

諸木 宏子（もろき・ひろこ）西大和学園中学校非常勤講師。
八尾市生涯学習センター小学生英語講座講師。英語教室・速読教室開塾。
英語絵本アドバイザーとして、絵本活用と多読のセミナーを全国で実施。

安田 万里（やすだ・まり）神戸市教育委員会学校教育課イングリッシュサポーター・サポートリーダー。
英語講師歴27年。AIM ENGLISH HOUSE（自宅）、ハートステップカレッジ児童英語教師養成講座、伊丹市公立小学校、私立高校 TOEIC 講座、サイマル・インターナショナル企業研修などの講師を経て現職。
国際理解教育をベースにしたテーマ別英語学習に取り組んでいる。

行岡 七重（ゆきおか・ななえ）枚方市英語教育指導助手。
J-SHINE 指導者育成トレーナー。JAM ネットワーク ことばキャンプ® インストラクター。神戸市第12代クイーン神戸、全日空グランドホステス、4人の子供を育てた専業主婦を経て現職。最近の論文は「～小学校英語の現場から伝える～担任の先生が一人で教える日はくるのか？」『INTER JAPEC』第118号, 4-6, 2014.「当たり前を疑う！私の常識は相手の非常識⁉―伝え合い、分かり合おうとする態度を育むための外国語活動―」『英語教育』第66巻, 第12号, 54-55, 2018.

先生のための小学校英語の知恵袋
—現場の『？』に困らないために—

2018 年 7 月 10 日　　初版第 1 刷発行

編 著 者	酒井志延
発 行 人	岡野秀夫
発 行 所	株式会社　くろしお出版
	〒 113-0033　東京都文京区本郷 3-21-10
	TEL：03-5684-3389　FAX：03-5684-4762
	URL：http://www.9640.jp　e-mail：kurosio@9640.jp
印 刷 所	藤原印刷株式会社
装　　丁	阿部志乃
本　　文	藤原印刷株式会社
イラスト	土屋佳雅里／吉留圭子（ポップアート企画）
資料提供	土井幹生（単語絵カード）
	Rampone Silvana; IC Pinerolo V Camiana teacher
	（イタリアの小学校訪問　外国語活動図工作品）